SpringerWienNewYork

GLOBArt (Hrsg.)

Wendezeit - Bausteine für einen anderen Fortschritt

GLOBArt Academy 2010

SpringerWienNewYork

Vorwort

Du selbst musst die Veränderung sein, die du in der Welt sehen willst.
Mahatma Gandhi

Nicht nur die Wirtschaftskrise und Umweltkatastrophen haben den Beginn des 21. Jahrhunderts geprägt, sondern auch der Wunsch nach Aufbruch und Veränderung.

Die GLOBArt ACADEMY 2010 stand daher ganz unter dem Motto „Es geht auch anders. Wo sind die Bausteine für einen anderen Fortschritt?".

Erfreulich waren die vielen Kooperationen und das große Engagement junger Entdecker, Pioniere und Querdenker, die die Gelegenheit wahrgenommen haben, im Rahmen der Academy ihre Projekte und Visionen vorzustellen und zu diskutieren. Einige dieser Projekte sind mittlerweile auf fruchtbaren Boden gefallen und befinden sich in Umsetzung.

Die vorliegende Publikation spannt einen weiten Bogen vom Prinzip Fortschritt als Strategie zu einer klaren Aufforderung zu intelligenten Lösungen von Michael Braungart, neuen Mobilitätskonzepten wie z.B. Shared Space, neuen Energiekonzepten, Innovationen am Arbeitsmarkt, Vorschlägen zur Kommunikation der Zukunft bis hin zu Best Practice Studies und der Frage nach globalen Herausforderungen, die Jakob von Uexküll zu beantworten versuchte.

Mein herzlicher Dank gilt allen, die zum Gelingen der Academy beigetragen und auch ihre Texte für die schriftliche Version zur Verfügung gestellt haben.

Ganz im Sinne von Mahatma Gandhi hoffen wir, dass die nun vorliegende Publikation Anregung und Ermutigung bietet, den Wunsch nach Aufbruch und Veränderung Realität werden zu lassen.

Prof. Heidemarie Dobner
Generalsekretärin GLOBArt

Vorwort

Nichts bewegt den Menschen so sehr wie die Frage, was die Zukunft bringen und wie es weitergehen wird, in der Gesellschaft und für jeden einzelnen persönlich. Aber ist, was gerne als Fortschritt versprochen oder angestrebt wird, tatsächlich jene Zukunft, die wir uns erhoffen?

In einer so vom Tempo bestimmten Zeit wie der Gegenwart werden selbst existentielle Fragestellungen oft nur auf wenige Schlagworte reduziert, wie etwa Internationalisierung, Globalisierung, Hochtechnisierung. Denn Grenzen zu überschreiten und neue Grenzerfahrungen anzustreben, heißt für viele das vorrangige Gebot der Stunde.

Wer sich ernsthaft mit der Zukunft auseinandersetzt, weiß, dass es mit dem Glauben an den Fortschritt alleine aber nicht getan ist. Ebenso gilt es, auf Nachhaltigkeit zu setzen. Es müssen Wege gefunden werden, um Innovation, Tradition, Qualifikation und Lebensqualität zu einem harmonischen Gleichklang zu führen.

Mit genau diesen Fragen hat sich die GLOBArt Academy 2010 in Pernegg auseinandergesetzt. Wissenschaftler, Künstler und Persönlichkeiten aus der Wirtschaft haben ihre Erfahrungen und Visionen zum Thema „Wendezeit – Bausteine für einen anderen Fortschritt" eingebracht und wichtige Denkanstöße für die zukünftige Entwicklung des Landes geliefert. Sie haben wiederum einen wesentlichen Beitrag zur Grundphilosophie des Landes geliefert, die seit jeher lautet, über die Grenzen zu blicken und sich mit aktuellen Fragen der Gesellschaft auseinanderzusetzen.

Als Landeshauptmann von Niederösterreich danke ich allen, die bei diesem Symposion, dessen Ergebnisse nunmehr publiziert vorliegen, mitgearbeitet und sich aktiv für die Zukunft des Landes eingebracht haben.

Dr. Erwin Pröll
Landeshauptmann von Niederösterreich

Vorwort

„Das einzig Beständige ist die Veränderung“ sagte schon vor rund 2500 Jahren Heraklit von Ephesos. Innovationen, ob technologisch oder sozial, sind zweifellos wesentliche Triebfedern moderner Gesellschaften. Diese dürfen aber nicht zum Selbstzweck verkommen, sondern müssen als oberstes Ziel dem Gemeinwohl dienen. Umso mehr bedarf es einer philosophischen und ethischen Dimension im politischen und wirtschaftlichen Denken und Handeln. Die Frage nach dem Wesen des Fortschritts, den Grenzen der Macht oder nach einem vermeintlich unendlichen Wirtschaftswachstum sind dabei wesentliche Überlegungen.

In jeder Krise steckt auch eine große Chance für gesellschaftliche Veränderung. Etwa um althergebrachte Systeme zu durchbrechen, um damit neue Bildungsansätze, soziales Wirtschaften, erneuerbare Energien und Interdisziplinarität in Wissenschaft und Gesellschaft nachhaltig zu verankern.

Die 13. GLOBArt Academy stellte sich mit international renommierten WissenschafterInnen und KünstlerInnen den Herausforderungen und Fragen, was es für „Bausteine“, Innovationen, Ideen und Modelle braucht, um in einer nachhaltigen und lebenswerten Gesellschaft leben und arbeiten zu können.

Ich freue mich, dass die Beiträge zur GLOBArt Academy 2010 jetzt auch in Buchform vorliegen und wünsche Ihnen eine anregende Lektüre zum Weiterdenken.

Dr. Claudia Schmied
Bundesministerin für Unterricht,
Kunst und Kultur

Inhalt

Referate

Workshops

Michael Braungart

Cradle to Cradle® - Ein Nährstoff ist ein Nährstoff ist ein Nährstoff

Eine auf stetiges Wachstum ausgerichtete Welt stößt zunehmend an die fernab geglaubten Grenzen der Ressourcenentnahme. Gleichzeitig sind die ökologischen Systeme zunehmend durch Abfälle, Abwässer und Emissionen bedroht. Derzeitige Lösungsansätze zur Behebung dieser Probleme beruhen auf der effizienten Gestaltung von Prozessen, Dienstleistungen und Produkten. Doch können diese Maßnahmen den drohenden Kollaps wirklich verhindern? Ist es nicht vielmehr so, dass wir uns durch unsere vielgepriesenen Maximen: „Reduce, Reuse, Recycle" (Reduzieren, Wiederverwerten, Recyceln) lediglich Zeit kaufen? Im Hinblick auf diese rhetorischen Fragen sind innovative Ideen wichtiger denn je. Das derzeitige Abfallrecycling oder gar die Müllverbrennung sind keine langfristigen Antworten auf die sich anbahnende desaströse Entwicklung.

Spätestens seit dem Erscheinen von Rachel Carsons Buch „Silent Spring" gilt der Materialeinsatz der Menschen als destruktiv. Das derzeitige menschliche Wirtschaften zerstört die Umwelt und ebenso werden die Menschen selber zunehmend Opfer ihrer Handlungsweisen. Bophal, Seveso, Exxon Valdez, Tschernobyl und die Explosion der Ölbohrplattform „Deepwater Horizon" im Golf von Mexiko – all diese Umweltkatastrophen führten zu dem weit verbreiteten Gefühl, dass die Menschen Schädlinge für ihre Umwelt seien. Aus diesem Empfinden heraus entstanden der Brundtland-Report über Nachhaltigkeit, das Konzept der Öko-Effizienz und Null-Emission – alles mit dem Ziel, möglichst wenig schlecht zu sein und den ökologischen Fußabdruck zu minimieren.

Es entstanden hocheffiziente Abfallbehandlungstechniken sowie Produkte, die etwas weniger giftig sind als ihre Vorgänger. Umweltschutz definiert sich heute dadurch, die Natur möglichst wenig zu schädigen. Doch dieser Ansatz ist so kontraproduktiv wie eine Form von Kinderschutz, die besagt, dass Kinder nicht mehr täglich, sondern nur noch wöchentlich mit Schlägen bestraft werden dürfen. Wer sein Kind weniger schlägt, schlägt es immer noch; wer weniger zerstört, schützt nicht.

Im Gegenteil, wer falsche Systeme und Produkte optimiert, macht sie damit umso gründlicher falsch. Heute befindet sich beispielsweise weniger krebserregendes Antimon in PET-Flaschen als früher, in geringerer Konzentration ist dieser gesundheitsgefährdende Stoff aber weiterhin vorhanden und schädlich. Dabei ist die Verwendung dieser Substanz nicht einmal zwingend notwendig. Das potentiell toxische Antimon kann durch einen titanhaltigen Stoff ersetzt werden, der praktisch ungefährlich ist.

Als ein zentrales Anliegen im Bemühen um eine Schonung der Umwelt wird oftmals das Recycling angesehen. Dessen Bedeutung und geschlossene Stoffkreisläufe gelten als wichtiger Beitrag zur Ressourceneffizienz. Recycling spart Rohstoffe und Energie, doch ist es ein dehnbarer Begriff, und der immanente Vorsatz einer möglichst langen Erhaltung von Wertstoffen innerhalb des derzeitigen Systems stößt an Grenzen.

Die Tatsache, dass ein Produkt bzw. ein Material recycelt wurde, macht es nicht automatisch umweltfreundlich, vor allem dann nicht, wenn das Recycling bei seiner Herstellung nicht ausdrücklich eingeplant war. Dabei sind es nicht ausschließlich die Materialien selbst, die eine Kreislaufführung erschweren. Vielmehr ist es die Fülle von Hilfsstoffen oder Bestandteilen von Farben, die nicht für den Recyclingprozess entwickelt wurden. Während Materialien solche Recycling-Prozesse durchlaufen, verlieren sie technologische Fähigkeiten. Dies führt am Ende unweigerlich zu Produkten, die lediglich für weniger komplexe Zwecke geeignet sind. Die durch diese Prozesse entstehenden Materialien sind von geringerer Qualität als die zu Beginn stehenden Ausgangsstoffe. Es fand ein „Downcycling" der Materialien statt.

Neben der Abwertung kommen weitere Probleme hinzu. Die kreative Nutzung des downgecycelten Materials für neue Produkte kann trotz guter Absichten fehl am Platz sein. In Textilien aus recyceltem PET lassen sich Spuren von Antimon nachweisen, das über die Haut des Trägers aufgenommen wird. Die Kunststofffasern enthalten Antioxidantien, UV-Stabilisatoren und Weichmacher, die nie dazu vorgesehen waren, in Kontakt mit der Haut zu kommen.

Der große Rest wird thermisch verwertet – also schlichtweg verbrannt –, wobei zwar einmalig Energie gewonnen wird, die innerhalb der Produkte befindlichen „Nährstoffe" aber unwiederbringlich verloren gehen. Erforderlich sind deshalb Systeme, bei denen die Materialien ihre Nutzbarkeit durch anschließende und nahezu unbegrenzte Lebenszyklen nicht nur aufrecht erhalten, sondern auch steigern können. Durch ein derartiges „Upcycling" wird schließlich ein Mehrwert geschaffen.

Die Menschen sind die einzigen Lebewesen auf unserem Planeten, die Abfälle verursachen. Alle anderen Lebensformen auf der Erde produzieren dagegen ausschließlich Nährstoffe, die sie in Kreisläufen führen. Das, was von einem Organismus innerhalb des natürlichen Systems nicht mehr benötigt und abgestoßen wird, dient für eine andere Lebensform als wertvoller Nährstoff und Lebensgrundlage. Alles ist Ressource – Abfall ist Nahrung.

Die Biomasse der Ameisen beispielsweise übersteigt die der Menschen um ein

Vielfaches und dennoch stellen die Tiere kein ökologisches Problem dar. Im Gegenteil - sie sind extrem nützlich, der tropische Regenwald würde ohne sie überhaupt nicht existieren. Alles, was die Ameisen aus der Natur entnehmen, geben sie als Stoffwechselprodukt wieder zurück. Was sie ausscheiden, ist für andere Lebewesen nicht nur unschädlich, sondern nützlich. Insofern spielt die Menge der eingesetzten Materialien keine Rolle, da diese fortlaufend in Kreisläufen zirkulieren. Dabei sind die natürlichen Prozesse nicht öko-effizient, sondern öko-effektiv. Die Natur spart nicht, sondern „verschwendet" – allerdings mit dafür geeigneten Ressourcen.

Es stellt sich die Frage, wie wir aus unserem derzeitigen Dilemma heutiger linear ausgerichteter Wirtschaftsweisen entkommen, bei denen Nährstoffe in Müllverbrennungsanlagen und auf Deponien für immer eingebüßt werden? Einen Lösungsvorschlag finden wir in der Kreislaufschöpfung der Natur. Nach ihrem Vorbild können Produkte so konzipiert werden, dass ihre Materialien in technischen und biologischen Kreisläufen zirkulieren können. So entstehen Produkte, die sowohl für die Menschen als auch die Umwelt förderlich sind.

Im Gegensatz zur Minimierung propagiert diese Art des öko-effektiven Produktdesigns die Umwandlung von Produkten und der damit zusammenhängenden Materialströme in zyklische Stoffwechselkreisläufe. Damit bietet diese Öko-Effektivität eine Weiterentwicklung der traditionellen Ansätze der Öko-Effizienz, was die Entwicklung gesunder und ökologisch unbedenklicher Produkte und Systeme angeht. Bereits heute lassen sich Systeme errichten, die der Intelligenz, der Fülle und der Effektivität der Natur nachgebildet sind.

Aus dieser Ideologie heraus entstand das Cradle to Cradle®-Design Konzept, welches einen begrifflichen Rahmen für die Neugestaltung der Grundbeziehung zwischen Mensch und Umwelt liefert. Dieses Konzept, zu dessen Grundlagen eine intelligent angewandte Wissenschaft und ein qualitativ hochwertiges Design gehören, geht über das Bemühen um Nachhaltigkeit hinaus hin zu einem neuen, positiven Paradigma, bei dem Wachstum als förderlich angesehen wird. Die Kreislaufschöpfung nach Cradle to Cradle® liefert ein Spiegelbild der gesunden, regenerativen Produktivität der Natur. Cradle to Cradle® bringt eine Industrie hervor, die sich beständig weiterverbessert und Leben und Wachstum ermöglicht. Den Prinzipien der Natur entsprechend, beruht die Idee der naturnahen Produktion auf drei grundlegenden Prinzipien:

- Abfall ist gleichbedeutend mit Nahrung
- Nutzung von Sonnenenergie und
- Förderung von Vielfalt.

Das Cradle to Cradle®-Design definiert den Rahmen für die Entwicklung von Produkten und industriellen Abläufen, in denen Materialien zu Nährstoffen werden, die innerhalb des biologischen oder technischen Kreislaufs zirkulieren.

Der biologische Kreislauf bildet die zyklischen Prozesse der Natur ab: Der Abfall des einen Geschöpfs ist Nahrung für ein anderes. Dieser biologische Nahrungsbegriff wird metaphorisch gesprochen auf technische Dinge wie Autos, Waschmaschinen oder Fernseher übertragen. Auch diese Materialien sollen so konstruiert sein, dass sie in einer neuen Generation von Produkten wieder Verwendung finden können.

Die Designkriterien sind Gebrauchseigenschaften, Kosten, ökologische Intelligenz, Ästhetik, Gerechtigkeit und Freude. Bei der Entwicklung eines neuen Produktes oder der Optimierung bestehender Produkte werden die Materialien und Inhaltsstoffe positiv definiert und so gestaltet, dass sie biologisch oder technisch nützlich und verwertbar sind.

Produkte, die aus biologischen Nährstoffen bestehen, bezeichnet das Cradle to Cradle®-Design Konzept als Verbrauchsgüter. Dabei handelt es sich um Produkte, die, wie der Name impliziert, verbraucht werden, die während ihrer Anwendung verschleißen und durch Abrieb oder (Ab-)Nutzung in die Umwelt gelangen. Beispielsweise werden Textilien so gestaltet und produziert, dass sie ohne schädliche chemische Zusatzstoffe auskommen und problemlos in biologischen Kreisläufen zirkulieren können, indem sie nach der Nutzung kompostiert werden und der Natur als Nährstoff dienen. Trigema etwa produziert das weltweit erste für den Hautkontakt und zur Kompostierung geeignete T-Shirt, ohne Allergie auslösende und umweltschädliche Zusatzstoffe und Farben. Alle Inhaltsstoffe und Textilfarben wurden positiv definiert. Um Komponenten zu optimieren, wurden auch die Zulieferer in den Designprozess mit einbezogen.

Dagegen werden Produkte, die aus technischen Nährstoffen hergestellt werden, als Gebrauchsgüter definiert und lediglich zur Nutzung an den Kunden ausgeliehen. Diese Strategie des Dienstleistungsprodukts ist sowohl für den Hersteller als auch den Kunden von Vorteil. Der Hersteller bleibt Eigentümer der wertvollen Materialien, welche nach Demontage der Produkte wieder nahezu ohne Qualitätsverlust in den Produktionsprozess einfließen. Der Kunde nimmt nur die Dienstleistung des Produkts in Anspruch, ohne damit jegliche Art einer materiellen Verantwortung zu übernehmen.

Waschmaschinen beispielsweise werden nach Ablauf ihrer Lebensdauer nicht als Großmüll beim Kunden belassen. Der Nutzer mietet das Gerät für eine bestimmte Waschleistung, vielleicht über 3.000 Waschgänge inklusive Service, und kann nach Ablauf dieser Zeit eine neuere Maschine mieten. Der Hersteller erhält das Produkt zurück und kann aus den separierten Materialien neue Produkte erstellen. Ebenso kann es sich auch bei Teppichen für Büros etc. verhalten. Der

Teppich wird geleased, nach Ablauf der Mietzeit vom Hersteller beim Kunden abgeholt und ein neuer Vertrag kann abgeschlossen werden. Der Hersteller kann die einzelnen Schichten des Teppichs separieren und als Rohstoffe für neue Teppiche einsetzen. Keine Materialien gehen verloren, es entsteht kein Abfall und der Kunde muss sich nicht um die Entsorgung der Produkte bemühen. Dieses Prinzip lässt sich auf alle Gebrauchsgüter anwenden.

Vielfach wird von Erzeugnissen ein Eigenschaftsprofil erwartet, das nicht durch einen einzigen Stoff abgedeckt werden kann, sondern die Kombination verschiedener Werkstoffcharakteristika notwendig macht. Damit Produkte, die sowohl aus biologischen als auch technischen Nährstoffen bestehen, mit dem Cradle to Cradle®-Szenario in Einklang gebracht werden können, werden bereits während der Entwicklungsphase die Lebenszyklen und Nutzungsbereiche jedes einzelnen Bestandteils genau definiert sowie ihre weitere Verwendung geplant.

Um das Cradle to Cradle®-Konzept flächendeckend anwenden zu können, gilt es, Plattformen zu schaffen, um Innovationen kommunizierbar zu gestalten und voranzutreiben. Damit dies gelingt, bedarf es einer Kooperation aller an der Wertschöpfungskette beteiligten Akteure.

Weltweit haben bereits mehrere Unternehmen damit begonnen, intelligent gestaltete Produkte, Dienstleistungen und Prozesse nach dem Cradle to Cradle®-Design Konzept auszurichten. Aber nicht nur einzelne Unternehmen implementieren Cradle to Cradle®; das Konzept hat mit den Niederlanden bereits eine ganze Nation zum Umdenken bewegt.

Die Niederlande kündigten an, im Jahr 2012 ihre gesamte öffentliche Beschaffung auf das Cradle to Cradle®-Konzept hin auszurichten. Entsprechende Beschaffungskriterien werden derzeit formuliert. Die Region Limburg, mit mehr als zwei MIlionen Einwohnern, ist dabei, Kreisläufe für biologische und technische Nährstoffe zu schließen, auch Deutschland, Taiwan und China machen erste Schritte auf dem Weg hin zur Öko-Effektivität.

In Folge solcher Anstrengungen entsteht eine positive Agenda, die anstatt der Dematerialisierung – der Reduktion von Stoffströmen – eine Rematerialisierung hervorruft. Denn Stoffströme werden verschwenderisch und vor allem kreislauffähig gestaltet. Mittels „intelligenter Verschwendung" nach dem Cradle to Cradle®-Design Konzept muss der Mensch seinen ökologischen Fußabdruck nicht minimieren. Bei positiver und förderlicher Einwirkung darf und soll dieser Fußabdruck ein großes Feuchtgebiet hinterlassen. Alles neu zu erfinden, so dass es umfassend positiv ist, befreit Kreativität, bedeutet Wettbewerbsvorsprung und sorgt dafür, dass sich der Einfluss der Menschheit förderlich auf die Flora und Fauna dieser Erde auswirkt.

Wolfgang Schad

Expedition in die Zukunft

Wie will man etwas über die Zukunft aussagen? Wäre das möglich, so müsste sie ja schon im Jetzt vorherbestimmt sein und wäre damit nur die zeitlich fortrollende Vergangenheit. Echte Zukunft aber ist offene Zukunft, ist Potenz, noch nicht festgelegte Möglichkeit. Sonst gäbe es keine Wahlmöglichkeit, keine Entscheidungsmöglichkeiten, keine Verantwortung der getroffenen Freiheiten.

In der Antike waren es die Sophisten, welche leugneten, dass es überhaupt Zukunft gibt: Zukunft ist nicht vorzufinden, denn sie wird bestenfalls sein. Auch die Vergangenheit gibt es nicht, sondern sie war einmal. Und der Gegenwartsmoment ist unendlich klein, also null. Man kann also nur konstatieren, was man vorfindet. Folglich gibt es nach ihnen weder Vergangenheit, Gegenwart noch Zukunft. Die Zeit ist eine Illusion.

Aristoteles hielt hingegen den Zeitbegriff hoch, konnte aber auch nicht sagen, was er beinhaltet. Erst in der christlichen Ära fand Augustinus zu einem ersten empirischen Verständnis der Zeit: Die Vergangenheit gibt es nur erfahrbar im Jetzt: als Erinnerung. Die Zukunft ist ebenso auch im Jetzt vorhanden: als gegenwärtige Erwartung. Und in der Gegenwart allein geschieht jede Erfahrung. Die Einsicht von Augustinus ist, dass die drei Modi der Zeit keineswegs im Linearen, eindimensionalen Nacheinander vorzufinden sind, sondern alle drei zugleich in der gelebten strömenden Gegenwart. Er entdeckte wohl begrifflich als erster die Simultanität der drei Zeiten im eigenen Bewusstsein. Sie greifen viel enger ineinander als wir in der Vorstellung zu denken gewohnt sind.

Von den Gleichungen

Die klassische Physik blieb beim streng linearen Nacheinander der Zeit als Vierte Dimension im Raum – Zeit – Kontinuum. In der Quantenphysik taucht der Zeitmoment hingegen als reine Möglichkeit, nicht als festgelegte Wirklichkeit, auf. Zeit steht laut der Heisenbergschen Unschärferelation mit der Energie im Verhältnis der Unschärfe.

In der Biologie findet sich immer schon eine Behandlung der Simultanität aller drei Zeitmodi, allerdings ohne dass schon das begriffliche Fazit gezogen wurde. Sie geht fortwährend damit um, dass in jedem Lebewesen dessen evolutive Vergangenheit als sein Erbgut gegenwärtig vorliegt. Ebenso liegt in jedem Lebewesen dessen Potenz zu vielen Realisationsmöglichkeiten in der Zukunft in jedem Augenblick vor: Die „prospektive" Potenz zu Restitution und Regeneration. Beides zu verbinden macht seine permanente Gegenwart aus. Dadurch laufen in jedem Organismus ontogenetisch wie phytogenetisch unterschiedliche Zeitströme gleichzeitig neben- und miteinander ab, die wir heute als Heterochronien bezeichnen. Leben besteht mehr noch als in der Physik und Chemie des Toten in der Zeitintegration über alle drei Zeitmodi.

Damit können wir realistischer zum Thema kommen, haben wir doch nun einen reflektierten, wirklichkeitsfreundlichen Zeitbegriff für unsere Zukunftsfrage.

Es ist der Schweizer Kulturphilosoph Jean Gebser gewesen, welcher von der „historischen Interferenz" gesprochen hat. Er beobachtete in allen Kulturen, dass eine solche nicht nur jeweils ihre charakteristische Eigenart ausprägte, sondern dass zugleich immer noch wertvolle Inhalte der Vorgängerkultur als Bildungsgut in die eigene Gegenwart überliefert wurden und ebenso die künftige Kulturentwicklung in Ansätzen schon anwesend war. Eine gegebene Kultur lebt also de facto nicht in einer, sondern in drei zeitlich sich streckenweise überlagernden miteinander interferierenden Kulturen zugleich. Gerade das kulturelle Leben zeigt auf Schritt und Tritt die Simultanität unterschiedlicher Stufen der Kulturentwicklung.

Wir brauchen uns nur umzusehen, wie weit das antike Erbe des griechischen Humanismus mit seiner Entdeckung der Begrifflichkeit und damit der Wissenschaften noch heute wirksam überliefertes Bildungsgut ebenso ist wie die Glaubenswelt des christlichen Mittelalters in ihren kirchlichen Ausprägungen. Mit beiden Errungenschaften steht allerdings die Moderne in der offen hinterfragenden Auseinandersetzung und sucht neue Weltbilder zu entwickeln.

Charakteristisch dafür ist, was ich die Verzeitlichung der bisherigen Weltbilder nennen möchte. 1609 entdeckte Kepler, dass die Planeten nicht in gleichförmiger Bewegung auf Kreisbahnen, sondern in ungleichförmiger Bewegung auf Ellipsenbahnen wandern: In Sonnennähe erfahren sie eine Beschleunigung, in Sonnenferne eine Verlangsamung. Diese Dynamik zerbrach das astronomische Weltbild der Antike, das nur den himmlischen Göttern gemäße ewige gleichförmige Bewegungen im Kosmos postulierte. 1718 konnte Halley nachweisen, dass auch die Fixsterne keineswegs fix sind, sondern sich bewegen, also nicht, wie die Antike und das Mittelalter vermeinten, sichtbare Garanten der Ewigkeit sind. Um 1800 entdeckte Herschel die Apexbewegung des gesamten Sonnensystems auf das Sternbild des Herkules zu: Auch die Sonne ruht nicht im Kosmos. Ab 1700 wurde die Artkonstanz der Organismen zunehmend in Frage gestellt. Bis Darwin waren es schon nahezu 200 Autoren, die von dem Artenwandel überzeugt waren

(Schad 1997). Darwin bündelte dann die darüber vorhandenen Anschauungen seiner Zeit und belegte sie 1859 mit den ihm zugänglichen Fakten. Goethes Metamorphosenlehre brache 1791 die Verzeitlichung in der Botanik zum Durchbruch (Goethe 1791). Mit der Entdeckung der Radioaktivität durch Becquerel 1896 fallen bald die für absolut gehaltenen Gesetze von der Konstanz der Masse, aufgestellt von Lavoisier 1785, und von der Konstanz der Masse, aufgestellt von Mayer 1840. Die Quantentheorie, ausgelöst von Planck, ausgearbeitet von Bohr, Heisenberg, Schrödinger u.a. stürzte die Gültigkeit eines absoluten Determinismus. Noch hielt man am Fixismus der Kontinente in der Geologie fest. Schon 1912 äußerte zwar Alfred Wegener seine Kontinentalverschiebungstheorie, aber es dauerte weitere 40 Jahre bis mit der Plattentektonik der Fixismus auch hier überwunden war: Alle Kontinente bewegen sich auf einem halbflüssigen Untergrund. Auch die Sterne selbst entstehen und vergehen. Hertzsprung (1905) und Russell (1913) beschrieben erstmals anhand der vorwiegenden Farben der Fixsterne ihren jeweiligen Entwicklungsstand. Seit 1965 entdeckt und untersuchte man die „kosmische Hintergrundstrahlung, die trotz ihrer Homogenität feine Differenzierungen zeigt, aus denen man ablesen konnte, dass unser gesamtes Milchstraßensystem, in dem wir uns befinden, hin in die Richtung des Sternbildes der Jungfrau wandert (Rix 2008).

Ähnliche Dynamisierungen erfuhren die Künste. Schon die klassische Moderne (Kandinsky, Klee, Mondrian, etc.) ließ alles Gegenständliche hinter sich. Ebenso wird in der Musik die klassische Harmonielehre mit ihren fest formulierten Gesetzen beiseite geschoben.

Das Gleiche lässt sich in der Literatur verfolgen: Romane, in denen die Zentralgestalt biographische Entwicklungen durchmachte, traten erstmals bei Karl Philipp Moritz („Anton Reiser“) und Goethe („Wilhelm Meister“) auf. Selbst was als das unveränderbar Verlässlichste galt: die gesetzliche Logik in der Mathematik und der Gottesbegriff in der Theologie, welche doch beide unveränderliche Ewigkeitstheorie hochhielten, bleiben davon nicht verschont (Schad 2009).

Das zentrale Charakteristikum unserer neuzeitlichen, auch erst in der Entwicklung begriffenen Moderne ist die Dynamisierung, die Verzeitlichung aller unserer Weltbilder und Anschauungen. In dem Topos „Der Weg ist schon das Ziel“ sind sich alle fortschrittlichen Geister von heute einig.

Nun können wir zur zentralen Frage des Tagungsthemas kommen: Wie wird sich die Zukunft gestalten? Schon dass wir diese Frage stellen können, ermöglicht uns, die Zukunft mitzugestalten. Es hängt also viel von dem Umgang mit dieser Frage ab, was aus der immer offenen Zukunft werden wird. Deshalb ist dieses Tagungsthema in jedem Falle lohnend.

Ich möchte das an einem Beispiel aus der Psychologie veranschaulichen. Sehr viel mehr als wir zumeist ahnen, bewirken unsere Einstellungen zur Zukunft diese selber. Wer in der Ökonomie der Anschauung huldigt, dass es nicht „5 Minuten vor 12 Uhr" ist sondern schon „5 Minuten danach", proklamiert die Aussichtslosigkeit, etwas dagegen zu tun, und bewirkt den Eintritt der Ökokatastrophe. Als probehalber in Kalifornien ein Radiosender die Fiktion ausgab, es würde das Benzin knapp (was gar nicht der Fall war), fuhren mehrheitlich die Autofahrer die Tankstellen an und füllten auch noch alle Vorratskanister, woraufhin das Benzin tatsächlich knapp wurde. „Self-fulfilling prophecy" nennt das die Psychologie, und in dem Buch von P. Ludwig (1991) kann man sich davon überzeugen, wie stark sie wirkt.

Wir müssen dazu aber gar nicht erst auf die Zukunft warten, sondern wir wissen aus dem schon Gesagten: „Die Zukunft hat schon begonnen (Jungk)." Sie ist ja jetzt schon überall im Keime da. Nur: Welche Keime davon greifen wir auf? Es ist also die eigentliche Aufgabe unserer Frage nach der Zukunft, dorthin zu blicken, wo sie wohl jetzt schon – unauffällig – anwesend ist und dort, wo es sich lohnt, zu entdecken gibt.

Der Blick dafür entdeckt die Welt der Kinder. Mit jedem Kind wird ein Stück Zukunft geboren, das die Welt weiterbringt. Wie viel Zukunft eine Gesellschaft im Jetzt zulässt, lässt sich daran ablesen, wie sie mit der Welt der Kinder umgeht. Sie ist nur eine kleine Ausgabe der Erwachsenen, die man erst zu deren Höhe hinaufzuziehen, also zu „erziehen" hat, oder gibt es eine eigene Würde des Kindseins? Lebt in der Erwachsenenwelt ein achtungsvolles Bewusstsein davon, dass die Kinder uns alle überwachsen werden?

Ich hatte das berufliche Glück, zwanzig Jahre als Lehrer mit Kindern und Jugendlichen zusammen leben zu können und sechzehn Jahre Waldorflehrer dafür auszubilden. Meine anschließenden zwanzig Jahre als Hochschullehrer mit dem studentischen Alter zu tun zu haben, waren dazu die Fortsetzung. Einst im lateinischen Grammatikunterricht frug ich gerne bei der Einführung des Konjugierens, was wohl der Unterschied von Vergangenheit, Gegenwart und Zukunft sei. Lässt man dem Klassengespräch Zeit, so kommen erstaunliche Formulierungen zustande: „Bei der Vergangenheit weiß man, was man hat; sie ist unumstößlich, verlässlich". „Die Zukunft ist unklar, unsichtbar; man weiß nicht, was daraus wird". Das Schönste ist aber doch die Gegenwart, in ihr ist man ganz da."

Frug man gegen Ende einer solchen Stunde, welche der drei Zeiten das einzelne Kind „am liebsten" hat, so waren die Urteile aber verschieden verteilt. Liebhaber für jeweils einen Zeitmodus gab es natürlich in jeder Klasse. Aber in manchen Klassen überwogen die Voten für die Vergangenheit, in anderen für die Gegenwart. Es gab aber auch solche, in denen die Mehrzahl energisch für die Zukunft plädierte. Bei näherem Zusehen spiegelte sich darin das Schulschicksal einer Klasse. Wo die Sicherheit hoch im Kurs stand, waren es Klassen, die viele Lehrerwechsel erfahren hatten. Zukunftsgewichtete Klassenstimmungen waren durch prächtig unterrichtende, dauerhafte Lehrer veranlagt worden. In jedem Kind steckt aber natürlich immer auch Freude an der Gegenwart, wenn es in einem kindgemäßen Milieu aufwachsen kann.

Gerne schloss ich dann eine solche Stunde mit der Bemerkung ab: „Alle Lehrer, die ihr habt, kennen mehr an Vergangenheit als ihr. Ihr aber habt mehr Zukunft vor Euch, als jeder jetzt schon Erwachsene hat.“ Das wurde mit verwunderter Überraschung aufgenommen, denn – so naturgemäß die Aussage ist –, so hat sich doch das Kind diese weitsichtige Tatsache meist noch nicht zu Bewusstsein gebracht. Umso spontaner ist die dankbare Beglückung im Kinde, eine solche Anerkennung des Faktischen von einem vertrauten Erwachsenen zu erfahren. Kinder sind die reale Zukunft in der Gegenwart. Ihre Welt mit zu leben und zu pflegen, macht oft mehr neue Zukunft möglich als in vielen anderen Aktivitäten.

Natürlich kann auch im Erwachsenen und gerade auch im alten Menschen die Frage auftauchen, ob er damit nur im Nachteil gegenüber den Kindern steht. Gibt es nicht in jedem Menschen – gleich welchen Alters – ein unsichtbares Kind? Das bekannte „Kind im Manne“ und ebenso in jeder Frau? Konrad Lorenz berichtete einmal von einem Gespräch mit seiner Frau, in welchem er ihr erklärte: „In jedem Manne steckt verborgen ein Kind – und das will spielen.“ Ihre Antwort darauf aus langer Erkenntnis war kurz: „Wieso verborgen?“

Jeder produktive Mensch spielt in vollem Ernst im Sinne des Schnitzler'schen Spieltriebes:

> *„Der Mensch spielt nur, wo er in voller Bedeutung des Wortes Mensch ist, und er ist nur da ganz Mensch, wo er spielt.“ (15. Brief zur ästhetischen Erziehung des Menschen).*

Dieses Spielkind in jedem geistig aktiven Menschen entwirft, was es vorher noch nicht gab: Nicht-Orte = Utopien, Visionen, Erwartungen, Zukunftsbilder im Hier und Jetzt. Laut Darwin gestaltet er mehr an der kommenden Zukunft mit, als er gemeinhin ahnt. – Es geht dabei nicht darum, die Vergangenheit auszuschalten.

Wer Schiller zitiert, muss auch Goethe einbeziehen:

Wer nicht von dreitausend Jahren
Sich weiß Rechenschaft zu geben,
Bleib` im Dunkeln, unerfahren,
Mag von Tag zu Tage leben.
(Westöstlicher Diwan)

Ebenso gilt bei ihm, damit verknüpft, die andere Blickrichtung:

„Wenn wir bewahren wollen, was wir haben, werden wir viel ändern müssen."

Als Pädagoge und Biologe ging es mir nicht nur um eine biologische Anthropologie, sondern um eine spirituelle Erweiterung derselben, um Anthroposophie. Ihr Begründer, Rudolf Steiner (1861 – 1925), kennzeichnete seinen Zugang zur Erforschung der Geistseite des Menschen in seinen Gesprächen mit dem französischen Dichter Edouard Schuré: Sein Zugang lag in der Neuerfassung des Zeitbegriffes. Er sprach vom „Doppelstrom der Zeit". Vergangenheit und Zukunft strömen aus entgegengesetzten Richtungen in die Gegenwart ein. Dadurch entdeckte schon Steiner 1915 die Zeitintegration auch in der Kulturentwicklung. 1910 entwickelte er eine eigene Systematik der nacheiszeitlichen Kulturverläufe, die er in der Geologensprache seiner Zeit die „nachatlantischen Kulturen" nannte. Darin hob er als Hochkulturen die erste indische, dann die frühpersische, dann die ägyptisch-babylonisch-assyrische Hochkultur hervor. Als vierte Kulturepoche benannte er die griechisch-römisch-mittelalterlichen Kulturstufen und rechnete so die anschließende Neuzeit als die fünfte Epoche. Darüber hinaus entwickelte er eine Utopie einer künftigen sechsten Epoche und charakterisierte sie einmal anhand der Ideale der Französischen Revolution. Das waren bekanntlich

Liberté, Egalité, Fraternité.

Jedem Zeitgenossen leuchtet der humane Wert dieser Forderungen sofort ein. Darüber vergisst er aber oft, dass sie sich untereinander widersprechen können. Wenn es eine durchgängige Gleichheit aller Menschen geben soll, darf sich niemand mehr seine eigenen Freiheiten herausnehmen. Und die persönliche Freiheit beachtet keineswegs schon per se die soziale Tugend der Brüderlichkeit. Brüderlichkeit besteht aber auch darin, entgegen dem Gleichbehandlungsgrundsatz den Bedürftigen mehr Zuwendung zukommen zu lassen als den weniger Bedürftigen.

Es ist Steiner eine gründliche Analyse dieses Dilemmas unter Beibehaltung aller drei Forderungen zu verdanken. Seine Entdeckung war, dass ihre Werte eben gesellschaftlich differenziert werden müssen – je nach den Anforderungen des Geisteslebens, der Rechtssphäre und der Wirtschaftsordnung. Im Geistesleben muss die Freiheit des Denkens, der Forschung, der Lehre und der Meinungsäußerung gelten. Hier muss auch das bessere Argument gegenüber dem weniger tauglichen gelten. Das gilt nicht in der Rechtssphäre. Vor dem Recht müssen alle gleich behandelt werden, sonst wird die Würde des Einzelnen verletzt. Im Wirtschaften, und das heißt zum Beispiel Befriedigen der Grundbedürfnisse nach Nahrung, Kleidung und Wohnung, muss dem Bedürftigen die brüderliche und schwesterliche Hilfe zukommen. Eine ungezähmte, nicht mehr sozial verpflichtete Marktwirtschaft überschlägt sich früher oder später, wie wir es gerade global erlebt haben. Hier muss – wie die Gewaltenteilung Montesquieus im politischen Gesellschaftsleben des Staats – gesamtgesellschaftlich eine gründliche Differenzierung erfolgen, die Steiner als „soziale Dreigliederung" bezeichnete. Dabei hielt er seine Soziallehre keineswegs für eine spezifisch anthroposophische Entdeckung, sondern für eine solche, auf die jedes aufgeklärte Bewusstsein, wenn es sich nur unbefangen die Verhältnisse klarmacht, kommen kann.

Das im Prager Frühling von 1965 durch Alexander Dubcek entwickelte Gesellschaftsbild mit freier Meinungsäußerung, Rechtsgleichheit und an den Bedürfnissen orientierter Wirtschaft kam dem schon nahe und steht bei dem erfolgten globalen Bankenkrach erneut zum Diskurs an. Dazu braucht man keineswegs schon die Anthroposophie als solche. Was aber spezifisch anthroposophisch genannt werden kann, ist Steiners Bildentwurf einer künftigen, in mehr als tausend Jahren sich ausbreitenden Menschheitskultur. Hier ist er ein weit vorausdenkender Visionär: Die Freiheit des Geistes, wie sie heute in allen aufgeklärten Staaten für das freie Wort verbrieft ist, wird dann zur Glaubenswelt gehören. Es wird keine Dogmen, kein vorgeschriebenes Offenbarungsgewissen mehr im religiösen Bereich geben, sondern allein die individuell selbstverantwortete Glaubenskraft des Einzelnen.

Im Denken kann hingegen, wenn es sich mit dem Problem des Irrtums so auseinandergesetzt hat, dass es ihn bewältigen kann, an den gemeinsam erkannten Wahrheiten der Weltgegebenheiten Einigkeit entstehen. Gemeinsam Erkanntes wird die Menschen einigen. Freiheit im Religiösen und Gleichheit in den Ergebnissen des Wissenschaftslebens werden dann die gelebten Ideale des Humanen sein. Was davon heute schon im Kleinen anfängt, ist gegenwärtiger Zukunftskeim. Die Brüderlichkeit im Wirtschaften wird in der sechsten Kulturepoche aber weiterhin unverändert das notwendige Ideal bleiben. Dieses dritte Ideal wird beide Epochen miteinander verbinden. Man kann sogar umgekehrt sagen, dass gelebte Geschwisterlichkeit der Menschen in ihren leiblichen Bedürfnissen schon jetzt in der Moderne die künftige nächste Kulturstufe der Menschheit vorbereiten hilft. In den anthroposophisch angeregten Berufsfeldern wird deshalb heute schon keimhaft versucht, diese Zukunftsideale im Kleinen zu realisieren: Völlig freier Umgang mit dem religiösen Bereich, deshalb verständnisvolle religiöse Toleranz als Grundhaltung. Und ebenso die Suche nach gemeinsam verbindlichen Einsichten durch eine entsprechende Denkkultur. Und brüderliches Wirtschaften durch das soziale Hauptgesetz, das jetzt schon für alle realisiert werden sollte:

> *„Das Heil einer Gesamtheit vom zusammenarbeitenden Menschen ist umso größer, je weniger der einzelne die Erträgnisse seiner Leistungen für sich beansprucht, das heißt, je mehr er von diesen Erträgnissen an seine Mitarbeiter abgibt, und je mehr seine Bedürfnisse an seine Mitarbeiter abgibt, und je mehr seine Bedürfnisse nicht aus seinen Leistungen, sondern aus den Leistungen der anderen befriedigt werden." (GA 34:213)*

In diesen Entwürfen nannten wir Steiner einen Visionär. Er ist aber darin zugleich ein Realist gewesen. Er sah, dass das, was übermorgen für alle ansteht, noch nicht jetzt von allen gelebt werden kann. Die Anthropologie hat nicht die Aufgabe, heute schon zur allgemeinen Gesellschaftskultur zu werden. Sie hat die künftige vorzubereiten.

Jede Kultur kann nur dadurch gesund sein, dass sie nicht die erreichten Kulturschätze der vorausgegangenen Kulturen verliert, sondern mitnimmt. Sie ist zugleich dadurch gesund, dass sie in ihrer eigenen Zeit ihre spezifischen Fähigkeiten, Innovationen und Werte entwickelt. Sie kann sich aber auch darin nur gesund entwickeln, wenn zugleich die künftigen Kulturwerte im Keim, sie anregend, anwesend sind. Dabei stellt er die Frage, was denn in der jetzigen vorherrschenden fünften Epoche, der heutigen europäisch- amerikanischen Zivilisation, die Zukunftskeime der sechsten Epoche darstellt, und beantwortet sie damit, dass er sie in der Anthroposophie sieht (GA 159/60: 299ff).

Diese ist zwar gegenwärtig in zahlreichen Berufsfeldern weltweit wirksam geworden. In fast allen Staaten der Erde, soweit nicht Totalitarismen herrschen, gibt es inzwischen Waldorfkindergärten, anthroposophische Ärzte und Heilpädagogen, in vielen die biologisch-dynamische Landwirtschaft und die Bewegung für religiöse Erneuerung. Doch sie alle machen nicht die Anthroposophie aus, sondern sind, wie Steiner sie nannte, ihre „Tochterbewegungen". Die Mutter aber kann in eigener Obhut warten. Sie missioniert schon deshalb niemanden, weil sie selbst weiß, dass auch geistig gesehen nicht jeder heute Anthroposoph sein muss. Wer ganz Zeitgenosse sein will, ohne weitreichende Zukunftsausblicke zu suchen, möge es sein. Er wird dann darin den Sinn seines Lebens sehen.

Es gibt zwar manche Versuche, innerhalb des anthroposophischen Sprachraums die Anthroposophie selbst, nicht nur die Tochterbewegungen, zum die Gegenwartskultur tragenden Faktor zu machen. Man begibt sich dann in modernistische Anpassungen und Angleichungen und vergisst die Vorbereitungsarbeit für die Zukunftsaufgaben. Wo die jetzige Not nach aufhelfenden Neuerungen ruft, haben sich die Tochterbewegungen entwickelt. Die Mutter aber hat ihre Aufgabe primär in der Zukunft, der sie sich jetzt widmet. Fragt man mich also, wo heute die Zukunftskeime anzutreffen sind, so ist meine Erfahrung mit der Anthroposophie ein solcher. Dabei ist schwer zu sagen, was sie im Einzelnen handlungspraktisch ausmacht, charakterisiert sie sich doch von der Zukunft her.

Dabei kann ich mir selbst den naheliegenden Einwurf machen, dass es sehr viele Menschen gibt, die die Zukunft im Jetzt vorbereiten wollen, ohne von Anthroposophie etwas zu wissen. Im obigen Sinne sind sie eben dadurch im innersten Sinne schon Anthroposophen. Das Anthroposophsein ist nicht an einen Status gebunden, sondern an ein von der Zukunft her Wirksames.

Steiner formulierte seine Auffassung 1924 kurz vor seinem Ableben recht lebensrealistisch:

> *„Anthroposophen können daher nur Menschen sein, die gewisse Fragen über das Wesen des Menschen und der Welt so als lebensnotwendig empfinden, wie man Hunger und Durst empfindet. (GA 26:14)*

Wer diese Fragen nicht in sich los wird, ist nach dieser Charakterisierung im Kern Anthroposoph. Es gibt also heute viel mehr Anthroposophen als sie selbst ahnen.

Es gibt außerdem einen breiten Bevölkerungsanteil, der es nicht lassen kann, offen nach Gott, der Welt und den Menschen zu fragen wie nach Essen und Trinken. Wir haben eingangs von ihm gesprochen. Das sind besonders die Kinder im Fragealter schon in der Kindergartenzeit. Das hält sich oft auch noch weiter durch die Schulkindheit hindurch. Der Jugendliche aber will Zeitgenosse werden und misst die Erwachsenen daran, ob sie es sind. Was „modern" ist, steht an, auch wenn man es bald auf der ersten Silbe betonen wird. Es bleiben ihm aber auch die Fragen – nur versteckter -, die er als Kind mitgebracht hat nach dem, was wohl werden wird: im eigenen Leben, in der Gesellschaft. Das Problem, ob sie ihm später verloren gehen, wenn man sich „settled" oder gar etabliert hat, nimmt zu. Doch das heimliche, suchende „Kind" im Erwachsenen wird sich künftig kulturell durchsetzen. Das ist meine letztlich optimistische self- fulfilling prophecy. Der spanische Dichter und Nobelpreisträger für Literatur vom Jahre 1956, Juan

Ramón Jiménez, konnte, sprachlich aufs Knappste verdichtet, viel besser aussprechen:

NO CORRAS, VE DESPACIO,
que adonde tienes que ir es a tí solo!

Ve despacio, no corras,
que el niño de tu yo, reciennacido
eterno,
no te puede seguir!

LAUF` NICHT, GEH`LANGSAM:
Du mußt nur auf dich zugehn!

Geh' langsam, lauf' nicht,
denn das Kinde deines Ich, das ewig
neugeborene,
kann dir nicht folgen!

Literaturhinweise

Aristoteles: Physik. Buch IV, Kap. 10 - 14. Wissenschaftliche Buchgesellschaft. Darmstadt 1979

Augustinus, A.: Bekenntnisse. S. 312 - 319. Artemis Verlag. Zürich, Stuttgart 1950

Jimenez, J.R.: Herz, stirb oder singe. S. 66/67. Diogenes Verlag. Zürich 1977

Jungk, R.: Die Zukunft hat schon begonnen. V 1952. V Stuttgart, Hamburg

Goethe, J.W.: Versuch, die Metamorphose der Pflanzen zu erklären. Gotha 1971

Ludwig, P.H.: Sich selbst erfüllende Prophezeiungen im Alltagsleben. Verlag für Angewandte Psychologie. Stuttgart 1991

Rix, H.-W.: Perspektiven astronomischer Entdeckungen. Sterne und Weltraum. H 8, S 38. 2008

Schad, W.: Die Zeitintegration als Evolutionsmodus, Habilitationsschrift Universität Witten/Herdecke 1997 (im Druck)

Schad, W.: Das Aufwachen der Bewusstseinsseele. (Hrsg.): Evolution als Verständnisprinzip im Kosmos, Mensch und Natur. V. Freies Geistesleben. Stuttgart 2009.

Steiner, R.: Geisteswissenschaft und die soziale Frage (1905/1906). In: Lucifer-Gnosis. S.213.GA 34. Dornach 1987.

Die Geheimwissenschaft im Umriß (1910). S. 273 - 298. GA 13.

Gemeinsamkeit über uns, Christus in uns. (Düsseldorf, 15.6. 1915). GA 159/160. Dornach 2005.

Anthroposophische Leitsätze (17.2.1924). S. 14. GA 26. Dornach 1998.

Wiesberger, H. in Beiträge zur Rudolf- Steiner- Gesamtausgabe. Nr. 49/50, S. 15. Dornach 1975

Werner Mittelstaedt

Das Prinzip Fortschritt als Strategie für die Herausforderungen des 21. Jahrhunderts

Über das bestehende Fortschrittsmuster

„Die wirklich revolutionäre Revolution lässt sich nicht in der äußeren Welt bewirken, sondern nur in den Seelen und Körpern der Menschen“,

stellte der berühmte britische Schriftsteller Aldous Huxley vor langer Zeit treffend fest. Eine wirklich „revolutionäre Revolution“ im Kampf um eine zukunftsfähige und humanere Welt ist erst in ihren Anfängen zu erkennen. Keime der Hoffnung auf eine Entwicklung, in der Fortschritt ohne die Zerstörung der Biosphäre, die Plünderung der Ressourcen der Erde, die Ausbeutung von Menschenmassen und ohne die Zerstörung der Lebensmöglichkeiten künftiger Generationen stattfindet, finden wir seit Jahrzehnten überall auf der Welt. Beteiligt daran waren und sind Menschen aus den neuen sozialen Bewegungen und unzähligen Nichtregierungsorganisationen (NGOs). Keime der Hoffnung sprießen aber auch in den Seelen und Körpern vieler Menschen, die sich ganz individuell für einen Wandel des Industriegesellschafts-Paradigmas hin zum ökologisch-sozialen Paradigma der nachhaltigen Entwicklung engagieren. Dennoch ist das Paradigma der modernen, kapitalistisch orientierten Industriegesellschaft, das in seiner Summe das bestehende Fortschrittsmuster prägt, zweifellos noch immer vorherrschend und stellt sich dieser Erneuerungsbewegung vehement entgegen, die für ein anderes als das bestehende Fortschrittsmuster kämpft. Auch ist festzustellen, dass die ungezählten NGOs der Erneuerungsbewegung, die nicht selten als „das Weltgewissen“ apostrophiert werden, für ihre wichtige Arbeit zu wenig Unterstützung aus der Bevölkerung und viel zu wenig Unterstützung von den politischen Parteien bekommen. Dass ihre vielfältige Arbeit in Theorie und Praxis in aller Regelmäßigkeit zu gesellschaftlich relevanten Diskussionen und wichtigen politischen Kurskorrekturen führt, liegt an der Tatsache, dass sie sich neben den Medien, also der sogenannten vierten Gewalt im Staat (neben Exekutive, Legislative und Judikative), in den letzten Jahren als eine Form „außerparlamentarischer Weltopposition“ positioniert haben. Dazu trugen aufklärende Bücher, Gesellschaftskritiker und engagierte Einzelpersonen bei. Diese Entwicklung war wichtig, denn gerade das noch junge 21. Jahrhundert zeigte bislang, dass Politik im Allgemeinen und politische Parteien im Besonderen aus sich heraus nicht über die Substanz verfügen, konkrete Alternativen zum bestehenden Fortschrittsmuster vorzuschlagen oder tragfähige Visionen in die Diskussion einzubringen.

Zum Kapitalismus des 21. Jahrhunderts, so scheint es, gibt es trotz globaler Finanzkrise und einer zerstörerischen Wachstumsideologie kaum eine ernstzunehmende Alternative. Er trat nach dem faktischen Ende des sogenannten „real existierenden Sozialismus" durch den Wegfall des Eisernen Vorhanges im Jahre 1989, der sich in der Realität überwiegend als Faschismus und Stalinismus entpuppte, den globalen Siegeszug an. Dieses herrschende kapitalistische Industriegesellschafts-Paradigma prägt mittlerweile das Fortschrittsmuster fast aller Menschen dieser Welt. Es verbessert aber definitiv nicht mehr die Lebensbedingungen der Weltgesellschaft und trägt letztendlich dazu bei, die Zukunft des Homo Sapiens ernsthaft zu gefährden. Diese Nachricht ist für viele Menschen unerträglich. Die Vorstellung, dass die derzeitigen Wert- und Handlungsmuster nicht mehr realen Fortschritt generieren, ist de facto nicht mehrheitsfähig, und die meisten Menschen können sie nicht akzeptieren und weisen sie zurück! Aber es muss akzeptiert werden, dass es so ist, weil die Fakten gegen den wissenschaftlich-technischen Fortschritt und die vorherrschenden Wert- und Handlungsmuster des Kapitalismus des 21. Jahrhunderts sprechen.

Das heute weltweit dominierende Fortschrittsmuster basiert seit der ersten industriellen Revolution im Wesentlichen auf fortwährendem Wirtschaftswachstum und den Errungenschaften aus Wissenschaft und Technik. Dafür benötigt es kapitalistische Strukturen, den freien Wettbewerb, das Konkurrenzprinzip und Regierungen, die die erforderlichen Rahmenbedingungen und gesetzlichen Regelungen aufrechterhalten, welche die Wirtschaft und Wissenschaft unterstützen. Dabei sollen Wissenschaft und Technik nicht nur alle möglichen auftretenden Probleme innerhalb dieses Fortschrittsmusters lösen, die für Mensch und Umwelt entstehen, sie sollen zudem kontinuierlich zur Steigerung des Wirtschaftswachstums durch die von ihr produzierten Innovationen beitragen. In diesem Sinne hören wir seit vielen Jahrzehnten immer wieder die gleiche Floskel von führenden Politikern und Wirtschaftsexperten, die vor dem Hintergrund der gesellschaftlichen Probleme etwa sagen: Wenn möglichst viel auf der Grundlage stetigen Wirtschaftswachstums erwirtschaftet wird, kann auch mehr verteilt werden, die Arbeitslosenquote kann gesenkt, das Bildungs- und Gesundheitswesen verbessert und insgesamt der gesellschaftliche Fortschritt vorangetrieben werden.

Wie richtig die These ist, dass das bestehende Fortschrittsmuster nicht mehr die Lebensbedingungen der Weltgesellschaft verbessert, zeigt sich an der globalen Verteilung des Wohlstands: Rund ein Viertel aller Menschen nehmen etwa drei Viertel aller Güter und Dienstleistungen für sich in Anspruch. Eine Feststellung, die schon vor etwa 40 Jahren zutraf. Aber im Jahre 1970 lebten „nur" 3,3 Milliarden Menschen auf der Welt, heute dagegen sind es fast sieben Milliarden. Die Kluft zwischen Arm und Reich ist also in diesen wenigen Jahrzehnten enorm gewachsen. Es hungern mehr Menschen denn je in den armen Ländern des Südens. Im Herbst 2009 waren es über eine Milliarde Menschen – Tendenz nicht abnehmend!

Auch trägt das existierende Fortschrittsmuster maßgeblich zur Zerstörung der Biosphäre bei, die die Lebensgrundlage für die Weltgesellschaft darstellt. So wurde im 20. Jahrhundert durch uns Menschen die Zahl der Wirbeltiere halbiert und das Aussterben der Arten geht heute rund tausend Mal schneller vor sich als es unter natürlichen Umständen der Fall wäre; über die Hälfte der Landmassen der Erde wurde durch Menschen umgeformt; jedes Jahr werden Waldflächen von der Größe Österreichs und der Schweiz gerodet. Unser Fortschrittsmuster mindert massiv die Lebensqualität und Lebenschancen ungezählter Menschen in den Ländern des Südens und zunehmend mehr auch bei uns in den Ländern des Nordens. Die derzeitigen Veränderungen des globalen Klimas wurden vom Intergovernmental Panel on Climate Change (IPCC) in seinem Weltklimabericht des Jahres 2007 nicht vor dem Jahre 2020 erwartet. Zwischen 1970 und 2000 stieg der Anteil von CO_2 in der Atmosphäre um 1,5 ppm (parts per million), also Teile pro Million, jährlich, seitdem wächst er um 2,1 ppm pro Jahr. Im letzten Jahr verlief der Anstieg mit fast 3 ppm noch rasanter. Im April 2010 wurden 392,4 ppm erreicht. Die Erde erwärmt sich daher schneller, als vom IPCC im Jahre 2007 angenommen, was einer Horrornachricht gleichkommt! Bei über 450 ppm CO_2 in der Atmosphäre sind die Folgen des Klimawandels nicht mehr in akzeptablen Grenzen zu halten. Es könnten dann mit großer Wahrscheinlichkeit sogenannte Kipp-Punkte („Tipping points") im Erdsystem ausgelöst werden (siehe Stiftung Entwicklung und Frieden 2010, S. 268-278, und Schellnhuber 2006). Um das Klimasystem zu stabilisieren, müssten wir das CO_2 in der Atmosphäre rasch auf maximal 350 ppm absenken.

Aufgrund dieser und einer Unmenge anderer ernsthafter Krisen, Katastrophen und Probleme ist der Aufbau eines neuen Verständnisses darüber, was die wirklichen Herausforderungen unserer Epoche sind, für die Weltgesellschaft überlebenswichtig. Der Begriff „Fortschritt" muss untrennbar mit dem Leitbild der nachhaltigen Entwicklung verbunden werden.

Das Prinzip Fortschritt und der Aufbau eines neuen Fortschrittsverständnisses

Als das Prinzip Fortschritt bezeichne ich eine Denkweise, die erforderlich ist, um die besten Lösungen für eine Vielzahl schwieriger gesellschaftlicher Herausforderungen und Krisen zu finden. Diese Denkweise orientiert sich an der Verantwortung des Einzelnen für die Verbesserung der Lebens- und Überlebensmöglichkeiten der menschlichen Zivilisation. Ein veränderter Fortschrittsbegriff, der eine gelingende Zukunft im Fokus hat, würde den meisten Menschen auch mehr Sinn vermitteln, als dies die bestehende Ausrichtung des Fortschritts tut, die den Erfordernissen einer dringend notwendigen nachhaltigen Entwicklung nicht gerecht wird. Um diese Veränderung zu erreichen, müssen viel mehr Menschen Verantwortung für die Gestaltung eines nachhaltigen Fortschrittsmusters übernehmen. Fortschritt muss immer vorrangig bedeuten, unnötiges menschliches Leiden, das aufgrund menschlicher Unzulänglichkeiten, struktureller Ungerechtigkeiten, Intoleranz, Unterdrückung von Minderheiten und jedweder Gewalt entsteht, weitestmöglich zu reduzieren. Diese Ziele sind untrennbar verbunden mit dem Schutz der natürlichen Lebensgrundlagen der Erde. Dafür benötigen wir ganz dringend kulturelle Anstrengungen, um gesellschaftlichen Fortschritt zu erzielen. Diese müssen in die Richtung der nachhaltigen Entwicklung weisen.

Wer glaubt, dass wir alleine durch Wissenschaft und Technik die anstehenden Probleme lösen können, ohne entscheidend die Wertorientierungen und gesellschaftlichen Zielvorstellungen ändern zu müssen, der ist naiv.

Das dominierende Fortschrittsmuster erzeugt seit einigen Jahrzehnten ganz sicher auch Vorteile und Fortschritte in der Zivilisation, die jedoch immer weniger Menschen zugutekommen. Zugleich erzeugt es eklatante Rückschritte und erhebliche Gefährdungen für die Gesamtheit der menschlichen Zivilisation und für die Biosphäre der Erde. Deshalb erzeugt das dominierende Fortschrittsmuster mehr Verlierer als Gewinner. Realer Fortschritt als zivilisatorisches Gesamtergebnis wird schon lange nicht mehr erzielt. Dies gilt auf den meisten lokalen Ebenen und setzt sich bis auf die globale Ebene fort.

Die vielen wissenschaftlich-technischen Fortschritte, die uns das Leben erleichtern, wie zum Beispiel eine höhere Lebenserwartung, die deutliche Senkung der Kindersterblichkeit, Verbesserung des Schutzes vor Infektionskrankheiten, vielfältige globale Kommunikation, Mobilität zu niedrigen Preisen und unzählig vieles andere möchte niemand, der sie nutzen kann, missen. Andererseits zeigen viele gesellschaftliche und technische Fortschritte immer deutlicher ihre Schattenseiten, denn die zivilisatorischen Defizite[1] kann heute niemand mehr ernsthaft leugnen. Daran haben auch die Wissenschaften, insbesondere die Naturwissenschaften, erhebliche Mitverantwortung. Die modernen Wissenschaften und ihre Dienerin, die Technik, bilden die wichtigsten Komponenten bzw. sind die Triebkräfte für das dominierende Fortschrittsmuster. Seit vielen Jahrzehnten realisieren sie im

1 Zerstörung der Biosphäre; anthropogener globaler Klimawandel; Welthunger; Weltelend; Sinndefizite bei immer mehr Menschen; verbreitetes Leben aus dritter Hand durch die Massenmedien; Ausweitung der Kriminalität; Drogenkonsum; Zerfall der Familie; Alkoholismus; Rückgang von „guten“ Demokratien in der Welt; Tendenz zur „Zwei-Drittel-Gesellschaft“ im Norden; Niedergang der Mittelschichten; hohe Dauerarbeitslosigkeit in fast allen Ländern der Welt; dauerhafte und sich eher ausweitende terroristische Strukturen; hohe Rüstungsausgaben u.v.a.

Zusammenspiel mit der Wirtschaft alles, was machbar ist und sich nur irgendwie ökonomisieren lässt. Dies unternehmen sie zu großen Teilen ungeachtet dessen, wie sich bestimmte Entwicklungen auf einzelne Menschen, Gesellschaften und die Biosphäre auswirken. Die friedliche Nutzung der Atomenergie, die vielfältige ökologische und gesellschaftliche Folgen hat, wobei die Frage der Endlagerung radioaktiver Abfälle noch immer ungelöst ist, ist dafür ein bekanntes Beispiel. Ein weiteres und relativ aktuelles Beispiel wäre das Verhalten der Protagonisten in den Biowissenschaften, die sich viel zu wenig um die Folgen genmanipulierter Saatgute kümmern und primär die ökonomischen Gewinne im Blickfeld haben. Hinzu kommen die wissenschaftlich-technischen „Erzeugnisse" der militärischen Rüstung, die vielen Regierungen der Welt als atomare, biologische und chemische Waffensysteme zur Verfügung stehen und sie damit in die Lage versetzen, theoretisch die Menschheit auszulöschen. Dafür gibt die Welt jährlich viele hundert Milliarden Dollar aus.

Unstrittig ist, dass ein großer Teil der bestehenden ökologischen und gesellschaftlichen Probleme und Krisen aus wissenschaftlich-technischen Anwendungen resultiert. Würde jemand nur Ein Bruchteil davon dokumentieren und dies in Büchern veröffentlichen, so wären ganze Bibliotheken damit gefüllt. Folgerichtig bezeichnete Hans Jonas die moderne Technik als „den endgültig entfesselten Prometheus, dem die Wissenschaft nie gekannte Kräfte und die Wirtschaft den rastlosen Antrieb gibt" (1979, S. 7). Er forderte dementsprechend eine Ethik für die wissenschaftlich-technisch dominierte Zivilisation (ebd.).

Was heute im dominierenden Fortschrittsmuster als Fortschritt angesehen wird, basiert zu einem großen Teil auf der ungezügelten Ausreizung bereits überschrittener materieller und ökologischer Grenzen durch wissenschaftlich-technische Innovationen unter Zuhilfenahme der neoliberal-kapitalistischen Ökonomie und ihrer Expansion im Kontext der Globalisierung. Zugleich wird Fortschritt in der Massenkultur gleichgesetzt mit der Steigerung der Möglichkeiten des Individuums, die vielfältigen Angebote und Handlungsmöglichkeiten der modernen Gesellschaft zu nutzen. Dabei wird individueller Fortschritt stark von ökonomischen Wachstumszwängen beeinflusst. Die gelebten Realitäten in den Ländern des Nordens bestätigen diese These, denn der Energie-, Land- und Ressourcenverbrauch steigt trotz größerer Effizienz bei der Herstellung von Produkten sowie bei der Energieerzeugung und -nutzung. Paradox dabei ist, dass diese Einstellungen und gelebten Realitäten den Leitbildern der nachhaltigen Entwicklung diametral entgegenstehen, obwohl diese Leitbilder breite Zustimmung in der Bevölkerung finden. Große Teile der Bevölkerung legen großen Wert auf guten Umweltschutz, möglichst sparsamen Umgang mit den begrenzten Rohstoffen, mehr Gerechtigkeit zwischen den Generationen, Vorsorge für die kommenden Generationen und Hilfe für die armen Länder des Südens. Viele Menschen leben somit im Widerspruch zwischen innerem Ideal und äußerer Wirklichkeit. Viele sagen sich auch: „Nach mir die Sintflut".

Aus all diesen Gründen kann kein Zweifel daran bestehen, dass uns ein tiefer gehendes Verständnis und eine Ethik für den Fortschritt fehlen, die den großen Herausforderungen unserer Epoche gerecht würden. Dieses Manko hat bereits fatale Folgen, weil die Herausforderungen an die Lebens- und Überlebensfähigkeit der menschlichen Zivilisation spätestens zu Beginn des 21. Jahrhunderts die größten sind, seitdem Menschen begannen, ihre Geschichte aufzuschreiben.

Die Frage stellt sich, wie wir Fortschritt so gestalten können, dass die Qualität der Lebens- und Überlebensbedingungen für die menschliche Zivilisation dauerhaft verbessert und für einen langen Zukunftszeitraum sichergestellt werden kann. Zivilisatorischer Fortschritt sollte sich außerdem verstärkt darauf ausrichten, kulturelle und geistige Werte zu schaffen, die auf Dauer Bestand haben, denn das meiste, was gegenwärtig im Namen des Fortschritts geschaffen wird, ist nicht von Dauer, sondern auf Verschleiß, Kurzlebigkeit und Profit ausgelegt. Nicht einmal die moderne Architektur ist davon ausgeschlossen. Ebenso wurde vieles, was unter dem Begriff Kultur subsumiert wird, nach und nach den Bedingungen des Marktes unterworfen. „Masse statt Klasse" ist das Schlagwort vieler Protagonisten nicht nur im globalen Kulturbetrieb geworden.

Jeder Einzelne muss erkennen, und die Gesellschaften müssen erkennen, dass zur Bewahrung der Lebens- und Überlebensfähigkeit der Weltgesellschaft völlig andere gesellschaftliche Zielvorstellungen notwendig sind. Notwendigerweise werden dadurch auch die persönlichen Zielvorstellungen betroffen sein. Ein neues Fortschrittsverständnis, das dem Prinzip Fortschritt im hier genannten, nachhaltigen Sinne höchste Priorität zuordnet, muss so gestaltet werden, dass es auf breitester Basis konsensfähig ist. Dafür ist grundlegendes Wissen über das, was den positiven Fortschritt prägt, wie er gestaltet sein könnte und welche Prioritäten für ihn gesetzt werden müssen, unabdingbar.

Acht skizzenhafte Bausteine für einen anderen Fortschritt

I. Baustein

Ungeachtet dessen, dass der Fortschrittsgedanke als gesellschaftlicher Wert sich erst im 18. Jahrhundert auszubreiten begann, gehört alles, was wir mit dem Begriff Fortschritt verbinden, auch zum Wesen des Menschen und ist im Grunde so alt wie er selbst. Menschen strebten noch in jeder Epoche nach Verbesserungen ihrer Lebensbedingungen. Letztlich sind wir Menschen darauf ausgerichtet, unsere Lebensbedingungen durch fortwährendes Infragestellen und Umgestalten unserer materiellen und geistigen Einflusssphären zu verändern. Dabei verändern wir das

Gegebene immer mit dem Ziel, es zu unseren Gunsten zu verbessern, wobei unser Blick ganz besonders auf lokale oder regionale Verbesserungen bzw. auf die Grenzen unseres Aktionsraums und auf für uns überschaubare Zeitfenster gerichtet ist. Das bedeutet, dass wir die Vorteile aus Handlungen und Veränderungen, die wir vornehmen, möglichst auch für uns selbst oder für unsere Kinder, Enkel und engsten Verwandten nutzen wollen. Dabei denken wir weniger darüber nach, ob sie auf längere Sicht Nachteile für andere Menschen mit sich bringen, zum Beispiel für noch nicht geborene oder entfernt lebende Menschen. Diese Wert- und Handlungsmuster sind tief in unser Bewusstsein integriert und werden noch so gelebt wie vor Tausenden von Jahren. Das muss sich aber ändern, will die Spezies Homo Sapiens überlebensfähig bleiben! Handlungen und Veränderungen, die wir vornehmen, müssen global verträglich und zukunftsfähig sein. Sie sollten dem Leitbild der nachhaltigen Entwicklungen entsprechen.

II. Baustein

Ich glaube, dass wir – um mit Theodor W. Adorno zu sprechen – im Idealfall aus dem Bann des bestehenden Fortschritts heraustreten müssen. Wir müssen uns aus ihm durch ein neuartiges, nachhaltiges und lebensfreundliches Fortschrittsmuster befreien. Dieses muss Wert- und Handlungsmuster für sämtliche gesellschaftlichen Institutionen und für jeden einzelnen Menschen beinhalten, die dazu beitragen, die großen Herausforderungen unserer Epoche und die Fragen zur Zukunft des Fortschritts so anzugehen, dass sie zur Reduzierung von Krisen und Katastrophen der globalen Zivilisation beitragen. Sie sollen darüber hinaus zukunftsfähige Lebensstile fördern helfen. Bestehende zivilisatorische Errungenschaften aus Wissenschaft und Technik (insbesondere Infrastrukturen, Medizin, Kommunikation) sollten unter vollständiger Berücksichtigung kultureller und religiöser Unterschiedlichkeiten auch denen zugutekommen, die sie zum Leben und Überleben dringend benötigen. Der Schutz, die gesellschaftliche Akzeptanz und Integration von Minderheiten und der Vielfältigkeit von Menschen (Homosexuelle, Behinderte, Menschen unterschiedlicher Ethnien und Hautfarbe und so weiter) und damit die Sicherstellung und Förderung der Vielfalt des Menschlichen sollte als Fortschrittsziel einen ganz hohen Stellenwert bekommen (vgl. auch Rorty 2003). Dementsprechend sollte auch der Multikulturalismus in der Weltgesellschaft verbessert werden und als Fortschrittsziel viel mehr Beachtung finden (vgl. auch Kymlicka 2000).

Nachhaltiges Handeln im Kontext eines Fortschrittsmusters bedeutet zudem, Fortschritt dauerhaft zu ermöglichen. Das heißt, dass erzielte Fortschritte auf einer anderen Seite nicht wieder egalisiert werden. Dabei steht der Wert einer gelingenden Zukunft im Fokus, der nicht durch kurzfristige partikulare Interessen gefährdet werden darf. Das sind wesentliche Komponenten für das Prinzip

Fortschritt. Es kann sich auf der gesellschaftlichen Ebene am besten realisieren, wenn sich möglichst viele Menschen daran beteiligen. Die dafür notwendigen Korrekturen in den Wert- und Handlungsmustern können aber auch individuell, also auf der Mikroebene jedes einzelnen Menschen vorgenommen und als neuer Lebensstil verwirklicht werden. Niemand sollte darauf warten oder kann sich darauf verlassen, dass sich ein nachhaltiges Fortschrittsmuster von selbst einstellt oder durch gesellschaftliche Institutionen quasi ausgerufen wird.

Für dieses Fortschrittsmuster, für das es keine Alternativen gibt, wurde von mir das Eigenschaftswort „nachhaltig" ganz bewusst gewählt. Aber die Ziele der nachhaltigen Entwicklung kommen nur sehr langsam voran. Sie sind von außerordentlicher Bedeutung, um die negativen Trends und katastrophalen Entwicklungen, von denen rund drei Viertel aller Menschen der Welt betroffen sind, in eine zukunftsfähige Richtung umzulenken. Fortschritt kann nämlich nur stattfinden, wenn möglichst alle Menschen über ein Lebensniveau mit zufriedenstellenden Gestaltungsspielräumen und Zukunftsperspektiven verfügen.

Im Brundtland-Bericht der Weltkommission für Umwelt und Entwicklung mit dem Titel „Unsere gemeinsame Zukunft" wurde der Begriff Nachhaltigkeit – beziehungsweise der „dauerhaften Entwicklung", wie sie damals im Jahre 1987 noch bezeichnet wurde – konkretisiert: „Dauerhafte Entwicklung ist Entwicklung, die die Bedürfnisse der Gegenwart befriedigt, ohne zu riskieren, daß künftige Generationen ihre eigenen Bedürfnisse nicht befriedigen können" (Hauff 1987, S. 46). Weltweite Bedeutung erzielte dieser Begriff in seiner englischen Fassung sustainable development (ebd.). Er hat folgende Kernaussage: Eine globale Entwicklung mit qualitativem Wachstum, angemessenem Wohlstand und mehr Verteilungsgerechtigkeit für die armen Länder des Südens ist mit den notwendigen Zielen für den Umweltschutz im Sinne der Nachhaltigkeit (sustainable development) erreichbar.

Für ein nachhaltiges Fortschrittsmuster ist es unbedingt erforderlich, dass einige Regionen und Länder für die Ziele der nachhaltigen Entwicklung Schrittmacherdienste leisten bzw. in Vorleistung treten. Seit einigen Jahrzehnten sind die sogenannten Schwellenländer dabei, das Fortschrittsmuster des Nordens zu übernehmen. Sie gehen dabei ähnliche Entwicklungswege wie einst der Norden, mit gravierenden Folgen für Mensch und Umwelt, was besonders in China und Indien zu beobachten ist. Nun müssen die Länder des Nordens zeigen, dass Zukunftsfähigkeit und ein besseres Leben für möglichst viele Menschen möglich sind, ohne die Lebensgrundlagen der Weltgesellschaft zu zerstören. Länder, die dieses Ziel am besten erreichen, werden die höchste Zukunftsfähigkeit haben und Arbeitsplätze schaffen, die auf qualitativem Wachstum basieren und damit der nachhaltigen Entwicklung gerecht werden. Diese Vorleistung ist unbedingt erforderlich und muss so gut sein, dass andere Länder sie „kopieren". Natürlich sind die Regionen und Länder in der Pflicht, deren Bevölkerungen den größten ökologischen Fußabdruck[2] aufweisen, also die begrenzten Ressourcen und die Biosphäre sehr für sich beanspruchen und nicht zuletzt deswegen aus den globalen Ungleichheiten und den strukturellen Ungerechtigkeiten Vorteile erzielen. Dafür sind erhebliche Korrekturen in den Wert- und Handlungsmustern der Bevölkerungen dieser Länder erforderlich. Diese können am besten realisiert werden, wenn auf möglichst breiter Basis für ein anderes als das bestehende Fortschrittsmuster geworben wird. Außerdem müssen Reformen und Kurskorrekturen in Politik, Wirtschaft, Wissenschaft, Technik und Zivilgesellschaft forciert werden, um das dominierende Fortschrittsmuster nach und nach in ein nachhaltiges umzuwandeln. Dazu ist es erforderlich, dass sich das gesamte Bildungswesen ernsthaft dafür engagiert und konkrete Schritte auf den Weg bringt. Das vollständige Wissen, das die Kriterien für die nachhaltige Entwicklung und für zukunftsfähige Lebensstile bildet, und solches Wissen, das dazu beiträgt, den armen Ländern des Südens reelle Entwicklungschancen zu ermöglichen, müsste in alle Lehrbücher integriert werden. Eine Aufgabe für Pädagogen wäre es, solche Lehrbücher zu verfassen und dafür einzutreten, dass das Wissen über nachhaltige Entwicklung gleichberechtigt neben anderen Schulfächern in die Lehrpläne integriert wird. Ganz besonders müssten auch die Universitäten, die Natur- und Geisteswissenschaften und sämtliche Berufsausbildungen in die Pflicht genommen werden, ihre Ausbildung, ihre Theorien und schließlich die jeweils daraus resultierende Praxis oder Gestaltung der Realitäten den Erfordernissen der nachhaltigen Entwicklung anzupassen.

2 Der Naturverbrauch pro Kopf wird als ökologischer Fußabdruck bezeichnet (engl. Ecological Footprint, EF). Das Konzept des ökologischen Fußabdrucks wurde im Jahre 1994 von Mathis Wackernagel und William E. Rees entwickelt. Mit ihm wird der Verbrauch der natürlichen, erneuerbaren Ressourcen einer Bevölkerung, eines Landes, einer Region oder der Welt gemessen. Der EF einer Bevölkerung umfasst das gesamte biologisch produktive Land und/oder die Meeresfläche, die benötigt werden, um alle Nahrungsmittelpflanzen, Fleisch, Fische, Holz und Textilien herzustellen sowie die Energieversorgung zu gewährleisten und die Infrastruktur zu errichten und aufrechtzuerhalten. Der durchschnittliche EF eines Afrikaners oder Asiaten betrug im Jahre 2002 weniger als 1,4 Hektar, der eines Westeuropäers 4,7 Hektar und der eines Nordamerikaners 9,7 Hektar. Die weltweit verfügbare Fläche zur Erfüllung der menschlichen Bedürfnisse wird nach Berechnung des Global Footprint Network und der European Environment Agency bereits insgesamt um 23 Prozent überbeansprucht. Danach werden bei gegenwärtigem Verbrauch pro Person der Weltbevölkerung 2,2 Hektar beansprucht, aber es stehen nur 1,8 Hektar pro Person der Weltbevölkerung zur Verfügung. Durch diese Überbeanspruchung wird die Biosphäre der Erde nach und nach zerstört, und die nutzbaren Flächen für die Weltgesellschaft werden deshalb schrumpfen.

III. Baustein

Am schlimmsten zeigt sich das Ausbleiben wirklich wirksamer Schritte bei der Bekämpfung der Armut, bei der Schaffung friedenserhaltender Maßnahmen und beim Schutz gegen die Zerstörung der Biosphäre. Dagegen wollten die Länder dieser Welt im Jahre 2000 endlich konkrete Schritte einleiten. Dafür trafen sich am 8.9.2000 hochrangige Vertreter aus 189 Ländern, die meisten von ihnen Staats- und Regierungschefs, in dem bis dahin größten Gipfeltreffen der Vereinten Nationen in New York. Am Ende dieses Treffens wurde die sogenannte Millenniumserklärung verabschiedet. Sie definiert programmatische, sich wechselseitig beeinflussende und bedingende Handlungsfelder für die internationale Politik. Auf dem Weltgipfel für nachhaltige Entwicklung (World Summit on Sustainable Development) vom 26.8.2002 bis zum 4.9.2002 in Johannesburg wurden die Millenniumsziele schließlich in den Aktionsplan aufgenommen. Sie wurden als „Millennium-Entwicklungsziele" (Millennium Development Goals – MDGs) bekannt:

1. Bekämpfung von extremer Armut und Hunger (Vorgabe: bis zum Jahr 2015 den Anteil der Menschen halbieren, die weniger als einen US-Dollar am Tag zum Leben haben, und ebenso den Anteil der Menschen, die Hunger leiden [Basisjahr 1990]).
2. Vollständige Primarschulbildung für alle Mädchen und Jungen.
3. Förderung der Gleichstellung der Geschlechter und Stärkung der Rolle der Frauen.
4. Reduzierung der Kindersterblichkeit (Senkung der Sterblichkeitsrate von Kindern unter fünf Jahren um zwei Drittel).
5. Verbesserung der Gesundheitsversorgung von Müttern (Senkung der Müttersterblichkeitsrate um drei Viertel).
6. Bekämpfung von HIV/AIDS, Malaria und anderen schweren Krankheiten.
7. Sicherung der ökologischen Nachhaltigkeit.
8. Aufbau einer globalen Entwicklungspartnerschaft.

Alle Mitgliedstaaten der Vereinten Nationen waren sich einig und haben zugesagt, diese Ziele bis zum Jahr 2015 zu erreichen. Sie hinken aber heute, im Jahre 2010, weit hinter den Erwartungen her. Um realen Fortschritt zu erzielen, müssen die MDGs bestmöglich vorangetrieben werden!

IV. Baustein

Menschenrechte und Humanismus sind grundlegende Wertorientierungen für eine gelingende Welt. Ihre Berücksichtigung bestimmt die Qualität des friedlichen Miteinanders der Gesellschaften und Kulturen. Für das individuelle Werten und Handeln im Sinne des Prinzips Fortschritt einerseits und für den zivilisatorischen Fortschritt andererseits wären Verbesserungen an der „Allgemeinen Erklärung der Menschenrechte“ (AEMR) vonnöten und eine Rückbesinnung auf den Humanismus geboten. Zur bestmöglichen Erreichung der Ziele der AEMR wäre es viel besser und als ein bedeutender kultureller Fortschritt zu werten, wenn die Formulierungen in den Artikeln der AEMR durch eine Kommission, die sich aus Vertretern aller Kulturen und Rechtstraditionen zusammensetzen müsste, akribisch überarbeitet würden und letztendlich wirklich universellen Charakter hätten. Das würde die AEMR erheblich aufwerten, sie verbindlicher machen und viele Streitigkeiten aus dem Wege räumen. Der Friedensforscher Johan Galtung hat dazu in den frühen 1990er-Jahren detaillierte Vorschläge gemacht.

V. Baustein

Nach dem Philosophen Hans Jonas, der im Jahre 1993 verstorben ist, ist für die wissenschaftliche-technische Zivilisation ein erweiterter kategorischer Imperativ, also ein unbedingtes ethisches Gesetz, erforderlich – ein Imperativ, der die Maxime des eigenen Handelns nicht auf das Hier und Jetzt beschränkt, sondern auf die Zukunft ausweitet. Er besagt, dass Wissenschaft und Technik, aber auch die Ökonomie, nicht alles machen dürfen, was sie machen können. Dafür muss Verantwortung übernommen und die Ethik in Anspruch genommen werden. Ich habe in meinem Buch „Das Prinzip Fortschritt“ (Mittelstaedt 2008) die Forderung von Hans Jonas aufgegriffen und aktualisiert. Wir benötigen eine Zukunftsethik und dementsprechend eine zweite Aufklärung!

VI. Baustein

Der kategorische Imperativ ist die ethische Grundnorm in der Philosophie Immanuel Kants: „Handle nur nach derjenigen Maxime, durch die du zugleich wollen kannst, dass sie ein allgemeines Gesetz werde.“

Bezogen auf das Prinzip Fortschritt für das 21. Jahrhundert lautet der kategorische Imperativ: „Handle nur so, dass das Leben auf globaler Ebene, das heute, morgen und übermorgen leben will, nicht nachteilig betroffen wird.“ Dies ist letztendlich auch „ökologisches Bewusstsein“. Es besteht aus Wert- und Handlungsmustern, die darauf ausgerichtet sind, das Leben auf der Erde und den dafür benötigten Lebensraum durch die eigene Existenz nicht zu schädigen. Das muss überall trainiert und alltagstauglich werden!

VII. Baustein

Wir leben in einer Welt voll von Wissen für ein anderes Fortschrittsmuster! Insbesondere muss das enorme Wissen, das in den zu Beginn erwähnten Erneuerungsbewegungen und Einzelpersonen steckt und das für die Gestaltung eines ökologisch-sozialen Paradigmas entwickelt wurde, erheblich mehr genutzt werden. NGO-Veranstaltungen, wie diese 13. GLOBArt Academy, fördern diesen Gedanken für einen anderen Fortschritt. Dieses Wissen sollte wesentlich stärker in die Politik, Wirtschaft und Wissenschaft einfließen.

VIII. Baustein

Auf die Frage, auf welcher Stufe der Evolution sich heute das menschliche Denken befindet, antwortete der Mitbegründer des Club of Rome, Ervin Laszlo, und untermauert damit die außerordentliche Verantwortung der heute lebenden Menschen: „Das ist eine entscheidende Frage. Die Antwort läßt sich in einem Wort zusammenfassen: Verantwortung. Wenn ein System ein hohes Maß an Geistigkeit erreicht hat, eine Stufe, wie sie dem menschlichen Bewußtsein entspricht, das nicht nur die Fähigkeit gewonnen hat, wahrzunehmen, sondern auch die Wahrnehmung wahrzunehmen, d.h., unser Bewußtsein weiß, dass es weiß, dann ist dieses System für seine Handlungen verantwortlich" (1989, S. 167). Aber sind wir uns dessen auch wirklich bewusst? Sehr wahrscheinlich nehmen wir die Probleme und Krisen der Welt nicht so wahr, wie sie sind, oder wir entziehen uns, vorausgesetzt, wir würden sie richtig wahrnehmen, unserer Verantwortung für die Welt. Genau genommen entziehen wir uns vor der Weltverantwortung oder nehmen diese nicht richtig wahr. Dieser philosophisch geprägte Terminus meint die bewusste Anerkennung sittlicher Grundverpflichtungen in unserer globalisierten Zivilisation. Er geht davon aus, dass das Bewusstsein eines gemeinsamen Wohls aller Menschen in allen Ländern ebenso wenig teilbar ist wie die Solidarität. Dafür ist ein solidarisches Verantwortungsbewusstsein aller Menschen für den Aufbau einer gerechten und friedlichen Welt notwendig (vgl. Brugger 1985, S. 456). In diesem Kontext ist es einleuchtend, dass wir nicht nur für uns selbst, unsere Familien, Regionen und Länder, in denen wir leben, verantwortlich sind, sondern wir sind auch mitverantwortlich für die Lebens- und Überlebensbedingungen weit entfernt lebender Menschen und für die Generationen, die erst in der Zukunft leben werden.

Eine richtige Annahme der bestehenden Herausforderungen hätte zur Folge, dass zum Beispiel gegen die drohende Klimakatastrophe eine Vielzahl von Sofortmaßnahmen in Kraft treten müsste. Gleiches trifft auf den Hunger und das Elend in der Welt zu, gegen die viel mehr Möglichkeiten zur Verfügung stehen, die aber bei Weitem nicht ausgeschöpft werden. Bei richtiger Wahrnehmung dieser Probleme und Krisen würden zumindest die reichen Länder des Nordens die Verantwortung spüren und entschiedener handeln.

Fazit:

Mehr Initiativen einzelner Menschen sind vonnöten, um die Weltverantwortung in konkretes Handeln umzusetzen. Dies muss insbesondere abseits der Politik geschehen, die jedoch, sollten die Initiativen vieler einzelner Menschen gesellschaftlich relevant werden, dadurch mehr Impulse und auch Druck bekommt, sich selbst der Weltverantwortung zu stellen. Dafür sind Veränderungen in den Wert- und Handlungsmustern erforderlich.

Zum Abschluss eine ganz kleine Fortschrittsphilosophie

1. Ich bin ein Teil der Biosphäre und muss mein Handeln so anlegen, dass ich sie nicht gefährde.
2. Ich bin Weltbürger und trenne Menschen nach keinerlei Kategorien.
3. Mein Leben wird durch die Vielfalt der Völker, Religionen und Kulturen bereichert.
4. Mein lokales Handeln hat grundsätzlich globale Folgen.
5. Ich strebe nach qualitativem Wachstum und innerer Ruhe (Muße). Dafür begrenze ich meine materiellen und erhöhe meine ideellen Ansprüche.
6. Eine gute Lebensqualität schließt für mich die Mitarbeit an wünschenswerten gesellschaftlichen Entwicklungen ein.
7. Weniger ist mehr, wenn die Qualität stimmt und wenn dieses Weniger nicht dazu beiträgt, die Biosphäre und andere Menschen zu gefährden.
8. Ich kann auch mit kleinsten Beiträgen wünschenswerte Entwicklungen fördern.

Literaturnachweise

Brugger, Walter (1985): Philosophisches Wörterbuch. Freiburg im Breisgau: Herder.

Hauff, Volker, Hg. (1987): Unsere gemeinsame Zukunft. Der Brundtland-Bericht der Weltkommission für Umwelt und Entwicklung. Greven: Eggenkamp.

Jonas, Hans (1979): Das Prinzip Verantwortung. Frankfurt/Main: Suhrkamp.

Kymlicka, Will (2000): Multikulturalismus und Demokratie. Über Minderheiten in Staaten und Nationen. Frankfurt/Main: Edition Büchergilde.

Laszlo, Ervin (1989): Global denken. Die Neu-Gestaltung der vernetzten Welt. Rosenheim: Horizonte Verlag.

Mittelstaedt, Werner (2008): Das Prinzip Fortschritt 21. Ein neues Verständnis für die Herausforderungen unserer Zeit. Frankfurt/Main et al.: Peter Lang.

Rorty, Richard (2003): Wahrheit und Fortschritt. Frankfurt/Main: Suhrkamp.

Schellnhuber, Hans Joachim (2006): „Kipp-Punkte im Erdsystem. Interview mit Hans Joachim Schellnhuber, Direktor des Potsdam-Instituts für Klimaforschung." Internet: www.germanwatch.org/rio/hjsint06.pdf

Stiftung Entwicklung und Frieden (2010): Globale Trends 2010. Fakten, Analysen, Prognosen. Hg.: Tobias Debiel, Dirk Messner, Franz Nuscheler et al. Frankfurt/Main: Fischer Taschenbuch Verlag.

Internet: www.werner-mittelstaedt.com

Thomas Held

Mit der Trägheit muss Schluss sein!

Eingehen werde ich zu Beginn auf den Titel: „Mit der Trägheit muss Schluss sein!". Er passt meiner Meinung nach eher in ein Managementseminar oder auch in einen Seniorenkurs oder alternativ dazu in eine Theologie- oder Dogmatik-Diskussion. Schließlich geht es auf den ersten Blick um eine der sieben Todsünden bzw. – streng theologisch – um eines der Laster, die zur Todsünde führen.

Der erste Versuch, diesen Titel aufgrund der Literatur zu deuten, führte zu Bertold Brechts Text zum Ballett von Kurt Weil „Die sieben Todsünden" anfangs der 1930er Jahre. Das Werk, mit Verweisen auf die Oper „Aufstieg und Fall der Stadt Mahagonny", fängt mit der christlichen, um nicht zu sagen protestantischen, Warnung an: „Müßiggang ist aller Laster Anfang". Aber diese Reihenfolge scheint nicht ganz die korrekte, kirchliche zu sein. Denn: Heinrich von Susa, der im 13. Jahrhundert die Reihenfolge aus dem 6. Jahrhundert (durch den von Papst Gregor dem Großen verfassten moralischen Kommentar zum Buch Hiob) umstellte, platzierte die Trägheit als Höhepunkt des Lasters an den Schluss der Formel: SALIGIA: SUPERBIA, AVARITIA, LUXURIA, INVIDIA, GULA, IRA, ACCIDIA.

Aber auch die Todsünden-Analogie hilft nicht wirklich weiter, um die Bedeutung zu ergründen: Ist wirklich diese Trägheit gemeint, die überwunden werden soll? Dies würde eine Rückkehr zu „ora et labora" als Lebensaufgabe bedeuten, um nicht gar das protestantische Arbeitsethos zu erwähnen. Wenn von der Wendezeit, vom „anderen" Fortschritt gesprochen wird, ist ja das Lob der Stille, der Langsamkeit, nicht fern, und da wird die Arbeitsgesellschaft eher als Problem als etwas zu Überwindendes betrachtet.

Aus diesem Grund folgt der Versuch, eine Assoziation durch einen Rückgriff auf den Programmtitel – Wendezeit – herzustellen: Meint die Überwindung der Trägheit den Ausbruch aus der aktuellen Entwicklung, aus dem aktuellen System?

Wird dies bejaht, dann folgt die nächste Frage: In welche Richtung soll dieser Ausbruch, diese Wende erfolgen? Da kann man die drei häufig genannten, verwandten Stoßrichtungen nennen:

1 Die Forderung nach einem anderen, nachhaltigen und grünen Wirtschaften: Einerseits und im einfacheren Fall ist diese als „clean tech" ausgestaltet. Andererseits kann sie den Versuch darstellen, durch eine Korrektur bzw. Schadensbegrenzung à la Kyoto mit allen möglichen und unmöglichen CO_2-Vermei-

dungspolitiken, durch die Internalisierung von Kosten oder Einschränkungen resp. Verboten einzugreifen. Damit verliefe sie zur wohlmeinenden ökologischen Diktatur.

2 Eine zweite, grundsätzlichere Forderung ist diejenige nach der Überwindung des Kapitalismus. Als Beispiel sei hier auf Roger de Weck und sein Buch „Nach der Krise" verwiesen. Er formuliert darin das Postulat des Wiederauflebenlassens des „Dritten Weges" à la selbstverwaltete Betriebe, demokratische Abstimmungen über Preise und Löhne, Abschaffung der Geldwirtschaft (inkl. Verbot der Kreditschöpfung) oder eben auch der Arbeitsgesellschaft, das heißt der ökonomischen Motivation der Arbeit.

3 Schließlich besteht als dritte Möglichkeit der Ruf nach neuer Spiritualität, der Hinwendung zu einem einfacheren, – klösterlichen? – Leben und damit der Abkehr vom Konsum bis hin zur Askese. Letzteres ist insofern am einfachsten nachzuvollziehen, da es sich um persönlich-individuelle Akte handelt.

Als Geständnis muss ich hier anbringen: Aus Sicht von Avenir Suisse gibt es große Schwierigkeiten mit diesen drei Stoßrichtungen, und ich wage auch die Prognose, dass sie nicht erfolgreich sein werden, d.h. sich nicht durchsetzen können. Einige Bemerkungen, Illustrationen dazu:

Zu 1: Forderung nach grünem Wirtschaften

Ein großer Teil der Produkte und Techniken, die unter dem Titel nachhaltig propagiert werden, ist ökonomisch nicht nachhaltig, d.h. viele Produkte könnten am Markt nicht bestehen. Als Beispiele dienen: Probleme der Solarindustrie z. B. in Spanien (vs. Schaffung eines Absatzmarktes für chinesische Massenproduktion) oder Kleinst-Wasser- oder Windkraftwerke in der Schweiz (Überangebote, Zahlungen für Abnahme). Die Konsequenz: Es gibt keine Korrektur der Erfindungen und Visionen durch die Marktkräfte, wie das z. B. in der Computerindustrie der Fall war. Auf Dauer ist die Überlebensfähigkeit damit in Frage zu stellen.

Des Weiteren ergeben sich Mitnahmeeffekte ohne Ende, so z. B. beim Schweizer „Gebäudeprogramm" zur Sanierung der Gebäudehüllen und Fenster oder bei der Subvention energieeffizienter Haushaltsapparate.

Hinzu kommt: Preissignale sind grundsätzlich der beste Mechanismus für Effizienz (auch im Energiebereich). Aus diesem Grund werden Spareffekte in der Industrie konsequent ausgereizt und im Haushalt gleichzeitig durch höheren Komfort, durch mehr Geräte, mehr Fläche etc. kompensiert. Der Ingenieur-Traum von der 2000-Watt-Gesellschaft ohne Einbuße des Lebensstandards ist deshalb eine Illusion. In den verschiedenen Förderprogrammen fehlt meistens auch die Frage nach den Opportunitätskosten, also nach den Auswirkungen von Investitionen in eine Technik zulasten einer anderen. Dies ist, wie z. B. Bjørn

Lomborg zeigt, gerade in armen Ländern sehr relevant: Infrastrukturen wie sanitäre Einrichtungen und minimales Housing haben einen weit größeren Effekt auf die Lebensbedingungen der Menschen als eine mit praktisch unendlich großem Aufwand durchgeführte CO2-Reduktion zur reinen Gewissensberuhigung (was die Wahl zwischen den Investitionsmöglichkeiten auch zu einer ethischen Entscheidung macht).

Grundsätzlich darf man nicht außer Acht lassen: Auch grüne Technologien haben einen Impact auf die Umwelt. Die gute Energie ohne Nebenwirkungen gibt es nicht, was man am Beispiel der Schweiz zeigen kann: Von 250 Millionen Franken, die für die kostendeckende Einspeisevergütung (KEV) gesprochen wurden, flossen im Startjahr 2009 bloß rund 45 Millionen in die Unterstützung solcher KEV-Anlagen, die zum Teil neu ans Netz gegangen waren oder teilweise nachträglich in das System integriert wurden. 2842 Anlagen erhielten per Ende 2009 eine Zusage für die KEV. Wie das Bundesamt für Energie jedoch selbst schreibt, konnte etwa die Hälfte der für die KEV zugelassenen Wind- und Wasserkraftwerke aus Gründen des Umweltschutzes und der Raumplanung nicht realisiert werden.

Zu 2: Forderung nach Überwindung des Kapitalismus

Um etwas vorweg zu nehmen: Die Finanz- und Wirtschaftskrise ist ein historischer Einschnitt. Problematisch sind einerseits die Entwicklungen aufgrund der zahlreichen Staatsinterventionen sowie die neuen Formen von Staatskapitalismus (Finanzindustrie, Automobilindustrie), andererseits auch das größere Gewicht der Sovereign Wealth Fonds. Dies ändert aber nichts daran, dass Emerging Markets auf Marktwirtschaft und unternehmerische Initiative setzen, nach Asien und Lateinamerika sind Anfänge jetzt auch in Afrika sichtbar. Die Gründe dafür sind: die positive Erfahrung, die Befreiung von bitterster Armut und die Erinnerung an das Versagen der Staatwirtschaft. Surveys bestätigen dies. Die freien Märkte und der Wettbewerb erhalten in Emerging Markets heute eine größere Zustimmung als in manchen westlichen Demokratien.

In Westeuropa zeigt sich vielmehr eine Ausblendung der Wohlstandsentwicklung, die als selbstverständlich angesehen wird. Der Kapitalismus gilt als moralisch verwerflich, allenfalls als „notwendiges Übel" (leider fördern auch gerade große Firmen solche Tendenzen durch Aktivitäten unter dem Stichwort Corporate Social Responsibility). Verknüpft damit ist die weit verbreitete Auffassung, welche noch medial verstärkt wird, dass die Welt immer schlechter, ungerechter und härter wird.

Aber: Harte Indikatoren sprechen dagegen, insbesondere die
- steigende Lebenserwartung

- Entwicklung der Arbeitszeiten (sowohl die Tages-, als auch die Lebensarbeitszeit) sowie
- Krankheits- und Unfalldaten.

Illustriert wird dies anhand von zahlreichen UNO- und OECD-Berichten. Einige Beispiele sollen im Folgenden angefügt werden:

Weltweit: 1870 musste die Weltbevölkerung im Durchschnitt mit weniger als einem US-Dollar/Tag auskommen. 1950 standen ihr 2,1 US-Dollar pro Kopf zur Verfügung, bis 2007 stieg dieser Betrag kaufkraftbereinigt auf 8,5 US-Dollar.

Schweiz: Die durchschnittliche Lebenserwartung bei der Geburt betrug im Jahr 1960 bei den Frauen 74,1 Jahre und bei den Männern 68,7 Jahre. Im Jahr 2008 belief sich der entsprechende Wert auf 84,4 Jahre bei den Frauen und 79,7 Jahre bei den Männern, was für beide Geschlechter einer Zunahme um über zehn Lebensjahre entspricht (Quelle: Bundesamt für Statistik).

Schweiz: Arbeitsstunden: Seit 1960 ist bei sämtlichen Branchen ein kontinuierlicher Rückgang zu beobachten, der sich in jüngster Zeit allerdings abgeflacht hat. Die 41 Arbeitsstunden, die von der erwerbstätigen Bevölkerung gegenwärtig pro Woche absolviert werden – im Baugewerbe sind es 43, in der Uhrenindustrie und im Graphischen Gewerbe etwas über 40 –, kontrastieren scharf mit der Alltagsrealität vor hundert Jahren. Damals umfasste eine Woche für die Industriearbeiterschaft 63 Arbeitsstunden, wobei es in der Textil- und in der Uhrenindustrie sogar 65 Stunden waren (Quelle: Bundesamt für Statistik).

Festzuhalten ist, dass mit der Forderung nach dem Ausbruch aus dem System respektive dem Aufbruch zu einer neuen Ordnung eine Geringschätzung des Arbeitsmarktes und damit der Arbeitgeber, vor allem aber der Arbeitnehmer ausgedrückt wird. Dazu ein kleiner Exkurs zum Thema Grundeinkommen: Auch in Kreisen seriöser Ökonomen geisterten solche Vorschläge herum, meist primär motiviert durch Effizienzüberlegungen aufgrund des Wachstums und der Unübersichtlichkeit des Sozialstaates. Das Grundeinkommen war als Ersatz für Renten, Versicherungsleistungen etc. gedacht. Heute gibt es dafür keinen Support (mehr) aus der Wissenschaft, im Gegenteil:

- Studien zeigen, dass Arbeitsanreize aufgrund solcher Zahlungen massiv zurückgehen. Schon das „harmlose" Beispiel der Schweizer Ergänzungsleistungen (EL) mit seinen grundeinkommensähnlichen Elementen zeigt diese Wirkung.
- Die faktische Notwendigkeit, trotz Grundeinkommens andere Unterstützungsprogramme fortzusetzen (weil Elend, Schicksalsschläge und Krankheiten und antisoziales Verhalten nicht einfach monetär aufgefangen werden können), bleibt bestehen. Daraus resultiert jedoch ein „moral hazard": man kann das Grundeinkommen sofort „verputzen" und bekommt doch noch etwas…
- Vor allem aber: für sich selbst zu sorgen entspricht einer essenziellen Ver-

antwortung und ist damit Teil der menschlichen Freiheit. Wenn man diese Verantwortung eliminiert, dann werden Menschen ihrer Freiheit beraubt; sie werden nicht befreit, sondern versklavt: ein irreversibler Prozess. Ebenfalls darf nicht vergessen werden, dass der Staat nicht abstrakt, sondern ein Apparat ist.

Zu 3: Dem Ruf nach neuer Spiritualität

Der Ruf nach Askese und spiritueller Erneuerung wird oftmals nicht als Rückzug ins Kloster respektive als Beschränkung auf ein Minimum (z. B. an Energiekonsum) verstanden, sondern findet in der Regel auf dem Niveau eines gehobenen Lebensstandards statt. Der eigentliche Luxus heute ist Raum und Zeit; so beispielsweise wenig, aber gut (= energieintensiv) essen, dazu noch etwas Wellness und vor allem Gesundheit. Der Gesundheitskonsum in der alternden Gesellschaft führt selbst in der Schweiz, wo ca. 1/3 der Gesundheitsausgaben „out of pocket" bezahlt werden, zu einer massiven Umverteilung zwischen Jung (= Erwerbstätigen) und Alt. Das Krankenversicherungssystem beschleunigt das Ausgabenwachstum bei den Älteren noch mehr als bei den Jungen. Bereits heute besteht im Gesundheitssystem – ganz abgesehen von der Finanzierung der Altersvorsorgewerke – eine bedeutende Umverteilung in der Höhe von rund 4 Milliarden Franken von Jung zu Alt. Alleine aufgrund der rein demographischen Alterung steigt dieser Betrag auf 6 Milliarden Franken im Jahr 2030 an.

Was aber unabhängig von diesen Einwänden auffällt: In der westlichen Welt herrscht eine totale Präokkupation der Politik mit der Wiederbelebung des Wirtschaftswachstums, weil die Regierenden (gleich welcher Partei) wissen, dass ohne dieses Wachstum der Transfer- und Wohlfahrtstaat ans Ende kommt und die politische Basis wegbricht (siehe Tea Party Movement in USA, siehe Griechenland). Die reale Politik (auch wenn man das in vielen NGOs nicht zugeben will) und auch ein großer Teil der Wirtschaft haben sich unter diesem Zwang zum Wachstum von der Klimadiskussion, der Peak-Oil-Debatte oder anderen großen Zukunftsfragen abgewandt.

Hinzu kommt, dass nach den zahlreichen Konjunkturprogrammen der ursprüngliche Plan der Zentralbanken und der Regierungen einer Exit-Strategie respektive Korrektur insbesondere in den USA in der Schwebe hängt. Ob nach den Stimulierungsprogrammen und den massiven Verschuldungen der Staatshaushalte jetzt Schulden abgebaut werden und die Geldversorgung wieder auf ein vernünftiges Maß zurückgefahren wird, ist ungewiss.

In Europa und allen voran in Deutschland ist die wirtschaftliche Erholung durch den Export getrieben, also durch die „richtige", das heißt ursprüngliche Nachfrage in Asien, Lateinamerika und teilweise auch Afrika. Aber man kann Zweifel an der Dauerhaftigkeit dieser Entwicklung äußern, denn Ungleichgewichte bestehen nach wie vor. Wirft man einen Blick in die Wirtschaftspresse, so zeigt sich die große Unsicherheit von Experten, es besteht keine Einigkeit. Als Beispiele dienen die Diskussionen über eine drohende Deflation vs. Inflation, oder die Ungewissheit über eine Blase bei den Staatsanleihen.

Wie bereits erwähnt, müssen und wollen Staaten das Wachstum ankurbeln. Als Zauberwort gilt die Förderung von Innovation, wie wenn man in einer Maschine „Forschung" oben Geld reinwerfen könnte und unten „Erfindungen" (bzw. sogar Produktivitätsgewinne) herauskommen würden. Aber der Erfolgsausweis der Industriepolitik (siehe Frankreich oder auch USA) ist bescheiden. Dagegen wirken gewisse Arten der Förderung und Verbesserung der Rahmenbedingungen, so in der Schweiz die Grundlagenforschung und in Österreich beispielsweise die Verdoppelung der Abschreibungsmöglichkeiten für Forschung und Entwicklung durchaus positiv.

Ein gewisser Konsens herrscht jedoch über die „neue Normalität" (new normalcy) in den alten Industriestaaten, welche sich jetzt abzeichnet. Das bedeutet ein grundsätzlich niedriges Wirtschaftswachstum zwischen 1-2% und niedrige Zinsen (Bsp.: IBM Anleihe über 1,5 Milliarden US-Dollar nur 1% bei Laufzeit von 3 Jahren). Ebenso droht eine hohe, strukturelle Arbeitslosigkeit vor allem bei den Jüngeren, welche jetzt von den Babyboomern, von den 68ern, die in Rente gehen, „beschissen" werden: also die „greedy generation", welche allen Lastern gehuldigt und Schulden gemacht hat, und die jetzt noch eine bessere, grüne oder sonst wie andere Welt predigt.

Vor diesem Hintergrund einer wenig berauschenden „neuen Normalität" und vor allem im Blick auf den dramatischen Aufstieg der asiatischen Volkswirtschaften müsste die Warnung vor der Trägheit vielleicht eher als Aufruf zur Überwindung der wohlfahrtstaatlichen Risikovermeidung und des damit verbundenen Umverteilungssystems gesehen werden, welches unternehmerische Initiativen und Investitionen behindert. „Schluss mit der Trägheit" würde dann weniger die Exploration und Förderung aller möglichen „Alternativen" bedeuten, als vielmehr die Betonung bzw. die Rückkehr unternehmerischer, liberaler Grundsätze und die Zurückdrängung staatlicher Ansprüche und Regulierungen.

Im Gegensatz zu Nobelpreisträger Krugman analysiert Hans-Werner Sinn die Interdependenzen der Weltwirtschaft folgendermaßen: Während die Exportnation Deutschland gegenwärtig boomt, sind in den USA 40% des Bundeshaushaltes kreditfinanziert. Für Deutschland, als einen der damaligen Hauptfinanzierer des amerikanischen Bond-Marktes, wird es trotz Aufschwung noch Jahre dauern bis staatliche und private Banken alle Verluste abgeschrieben haben. Für die Schuldnerländer führt letztlich kein Weg an einschneidenden, schmerzlichen Strukturreformen (und damit am totalen Gegenprogramm zum Projekt Grundeinkommen) vorbei.

Aber, wie wir wissen, gibt es in unserer Welt einen rituellen Aufschrei, wenn

Besitzstände auch nur im Geringsten angetastet werden. Akzeptanz finden höchstens aufs Sorgfältigste austarierte Pakete, wofür uns aber die Zeit fehlt. So weist Urs Schöttli, langjähriger NZZ-China-Korrespondent, Asienkenner und Expat, darauf hin, dass beispielsweise die Leute in China und Indien dieses Anspruchsdenken nicht verstehen; in den dortigen Gesellschaften stehen Pflichten vor Rechten!

Des Weiteren gibt es in Asien generell keine Probleme mit Bio-Wissenschaft und Wissen überhaupt (im Gegensatz zu uns: Genphobie, Datenphobie, Kernkraft-Phobie, CO_2-Phobie) sowie keine/weniger Probleme mit Vernehmlassungen, Abstimmungen und „Einsprachen“: Wenn gebaut wird, wird gebaut. So zurzeit über 50 Flughäfen, 12 Häfen, mehrere Tausend km Eisenbahn etc. Ein Wettbewerb mit großen geopolitischen Folgen findet statt, welcher schon längst nichts mehr mit dem Engagement westlicher Firmen in fremden Landen zu tun hat (Beispiel: die Übernahme der Schweizer Generalunternehmung Steiner durch Hindustan Company).

Aus all dem schließe ich:

„Mit der Trägheit muss Schluss sein“, heißt folglich:

- eine drastische Liberalisierung der Arbeitsmärkte (die Schweiz ist hier besser positioniert als andere und zeigt die Vorteile)
- eine ebenso drastische Reform der Sozialsysteme: Rentenalter zwischen 67 und 70, Erschwerung der Zugänglichkeit (Katastrophenversicherung)
- die Erneuerung und der Ausbau der Infrastruktur inklusive der Energieproduktion
- sowie ein stufenweiser Abbau der Transfers zwischen Sektoren (z. B. Landwirtschaft) und Regionen sowie ein föderalistischer Wettbewerb – inklusive Steuern (auch hier kann die Schweiz als Beispiel angeführt werden).

Manfred Füllsack

Work in progress

Zur Verteilung von Arbeit und Einkommen mit dem „Job Sharing Doodle"

Wer sich für Arbeit als Phänomen interessiert, stolpert schnell über zwei folgenreiche Aspekte: zum einen macht Arbeit Arbeit, und das in stets steigendem Ausmaß. Mit der Vielzahl von Zu- und Nach-Arbeiten, die zu ihrer Durchführung nötig sind – gedacht sei nur etwa an die Organisation, die Administration und Kontrolle der Arbeit, an die Bildung der Arbeitskräfte, an die Absicherung vor den Risiken und Unwägbarkeiten der Arbeit, etc. - , sorgt sie dafür, dass uns die Arbeit nicht ausgeht. Sie verändert nur beständig ihr Aussehen.

Zum zweiten verteilt Arbeit sich selbst und ihre Produkte ungleich unter den Arbeitenden. Viele von uns müssen hart arbeiten, ohne in fairer Relation dazu an den Produkten der Arbeit zu partizipieren. Einige wenige dagegen scheinen eher wenig zu arbeiten, verfügen dabei aber über einen sehr großen Teil der Arbeitsprodukte. Noch im Bemühen dieser „Ungerechtigkeit"[1] beizukommen, macht Arbeit uns Arbeit. Und dies perfider Weise umso mehr, je umfangreicher sie wird und je ungleicher sie ihre Produkte verteilt.

Dieser Sisyphos-Aspekt der Arbeit birgt ein drittes Problem. Wer *an Arbeit* arbeiten muss, dem bleibt wenig Zeit zum arbeiten selbst. Oder weniger paradox formuliert, die *Organisation* der Arbeit kann so zeitaufwändig werden, dass sie *ausgelagert* werden muss. Arbeit, die Arbeit nach sich zieht, zieht damit auch Arbeits*teilung* nach sich. In der Fabrik beispielsweise wird die Organisation der Arbeit dem Management überlassen, in der Volkswirtschaft in der Regel dem Staat.

Der Grund dafür ist leicht zu sehen. Stellen wir uns ein kleines Kollektiv von fünf Arbeitenden vor, die sich, um effektiv arbeiten zu können – um also etwa Werkstoffe, Aufgaben, etwaige Gewinne etc. zu teilen – zu Beginn ihrer Arbeit untereinander darüber verständigen, wer was wann zu tun hat. Wenn jeder mit jedem einmal kommuniziert, sind dazu insgesamt 10 Verständigungen notwen-

1 Diese „Ungerechtigkeit" lässt sich verteilungstheoretisch und damit vielleicht etwas „nüchterner" auch als Pareto- oder Power-law-Verteilung beschreiben, die für einander beeinflussende, also miteinander in Verbindung stehende Größen charakteristisch ist, welche dazu neigen, sich als Folge positiver Feedbacks in „Ungleichgewichtsordnungen" nieder zu schlagen. Vgl. dazu ausführlicher u.a.: Füllsack 2011, und zur arbeitserzeugenden Dynamik der Arbeit: Füllsack 2002, 2009.

dig, was vielleicht noch in halbwegs vertretbarer Zeit durchführbar ist. Wenn wir die Zahl der Arbeitenden aber verdoppeln, so werden nicht ebenfalls doppelt so viele Verständigungen nötig, sondern mehr als viermal so viele. Und wenn wir die Zahl der Arbeitenden noch einmal verdoppeln – nun auf bereits 20 – so sind bereits 190 Verständigungen nötig[2] – eine Interaktionsmenge, die ohne den Arbeitsprozess massiv zu verzögern, nicht mehr durchzuführen ist.

Es liegt daher nahe, die Verständigungen – zum Beispiel über die Abfolge der Arbeitsschritte, das Bereitstellen von Rohstoffen und Materialien oder eben auch über die faire Aufteilung der Arbeitsprodukte – auszulagern, sprich einer anderen Instanz zu unterstellen, einem Management eben, einer Regierung.Und da mit voranschreitender Differenzierung der Arbeit auch diese Instanz ihrerseits recht schnell vor ähnlichen Problemen zu stehen kommt, ist auch sie gezwungen, Arbeiten auszulagern und wieder andere Instanzen damit zu beauftragen. Die Organisation der Arbeit erzeugt so mit der Zeit eine wuchernde hierarchische Struktur einander ermöglichender und voneinander abhängiger Arbeitsschritte, die, weil sie nur mit klaren Zuständigkeitsmarkierungen effizient wird, auf ein zentralistisch reguliertes und insgesamt eher unflexibles, mitunter äußerst träges Gefüge hinausläuft, in dem unsere Arbeit schließlich auch begrifflich eng geführt wird. Unsere sozialstaatlich administrierte Arbeitswelt, in der aktuell so wichtige Arbeiten wie etwa die der Erziehung oder der Pflege nur eher marginal erfasst werden, liefert dafür ein anschauliches Beispiel.

Die Schwierigkeit, der Vielzahl an unterschiedlichen und in ihrer Aktualität schnell wechselnden Arbeitsarten mit *top down*-Verwaltung der Arbeit und einem dementsprechend enggeführten Arbeitsbegriff gerecht zu werden, liegt auf der Hand. Auch die Sozialpolitik, also der Versuch, vor den Unwägbarkeiten der Arbeit zu schützen und ihre Produkte fair zu verteilen, krankt an diesem Problem. Zwar weiß man mittlerweile, dass Handlungsbedarf dringend besteht. Die Begrifflichkeiten, ebenso wie ihre Verwaltung, erweisen sich aber vielfach als zementiert. In der Regel bieten sie wenig Spielraum, um innovative Konzepte – allen voran etwa das gegenwärtig wieder intensiv diskutierte bedingungslos garantierte Grundeinkommen (dazu u.a.: Van Parijs 1995, Füllsack 2002) – auch nur in die

2 Für Interessierte: Dieser Umstand wird in der Literatur als „Metcalfe's Law" bezeichnet, nach dem Elektrotechniker Robert Metcalfe. Noch komplexer wird die Interaktionsdichte, wenn nicht nur jeweils Zweier-Interaktionen, sondern sämtliche mögliche Interaktionsuntermengen betrachtet werden. Die Interaktionsdichte steigt dann nicht nur nach n * (n - 1) / 2 (wie in Metcalfe's Law), sondern nach 2n - n - 1, bezeichnet nach dem Computertechniker David P. Reed als Reed's Law. Ein 5-Personen-Netzwerk hätte damit eine Interaktionsdichte von 26, ein 20-Personennetzwerk von bereits 1 048 555 Interaktionen.

Nähe eines Probelaufs zu bringen.

Bis vor kurzem schien kein Ausweg aus dieser Logik zu führen. Die Arbeitsorganisation und damit auch die Sozialpolitik blieb an zentralistische Hierarchien gebunden. Die Verteilung von Arbeit und ihren Produkten war nur *top down* vorstellbar. In den letzten zwei Jahrzehnten kamen allerdings Medien auf, die die Kommunikation und damit die Organisation von kooperativen Unternehmungen erheblich erleichtern. Internet, Smartphones und leistungsfähige Computer reduzieren heute die so genannten „Transaktionskosten" (Coase 1937, Williamson 1975), die bei Arbeitsorganisation anfallen, nachhaltig und eröffnen damit Möglichkeiten, die weit über die uns vertrauten Organisationsformen hinausgehen (siehe grundsätzlich dazu u.a.: Shirky 2008). Könnte dies Arbeitenden Möglichkeiten zur Hand geben, ihre Arbeit und ihre Produkte und damit auch ihre Ein- und Auskommensmöglichkeiten *bottom up* neu zu verteilen?

I. Handelbare Quoten

Das im Folgenden im Hinblick auf solche Möglichkeiten vorgestellte Tool ist eine Internet- und Smart-Phone-Applikation, die ich (einstweilen) „*Job Sharing Doodle*" nenne.[3] Diese Applikation zur Umverteilung von Arbeitsaktivitäten und damit verbundenen Einkommensmöglichkeiten beruht im Kern auf dem Prinzip „handelbarer Quoten", wie es aktuell zum Beispiel beim Handel von CO2-Emissionsrechten im Rahmen des Kyoto-Protokolls zur Anwendung kommt (cf. Dales 1968, Tietenberg 2006). In den 1990er Jahren zog Bert Hamminga (1995) dieses Prinzip für den Arbeitsmarkt in Betracht.

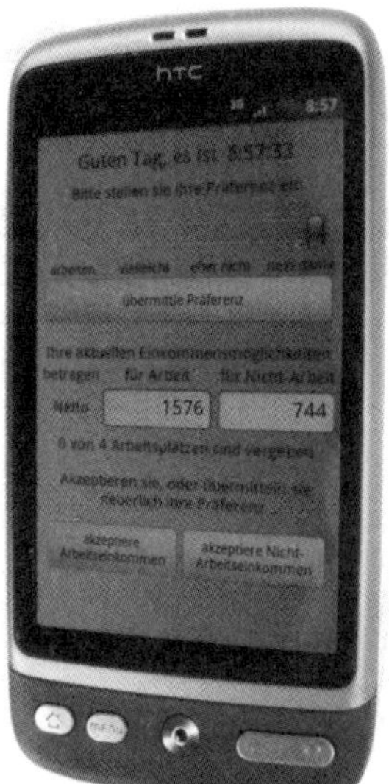

Abbildung 1.
Der „*Job Sharing Doodle*"

Hamminga schlug dazu ein „Gedankenexperiment" über ein fiktives Land „EU" vor, in dem es 5 Millionen erwerbsfähige Personen gibt, aber nur 4 Millionen Erwerbsarbeitsplätze. Zu Beginn jeden Jahres gibt eine zentrale Einrichtung in EU Arbeitsanrechtsscheine aus, und zwar 4 an jede erwerbsfähige Person. Um einen vollwertigen Arbeitsplatz beanspruchen zu können, sind allerdings 5 Anrechtsscheine notwendig. Das heißt, wer in EU

3 Ein „*Doodle*" ist ein Koordinationsinstrument, das ursprünglich von Michael Näf, einem Schweizer Informatiker, im Internet bereitgestellt wurde, um zum Beispiel Terminabsprachen zu vereinfachen. Siehe: http://www.doodle.com/main.html

erwerbsarbeiten will, muss sich den fehlenden Anrechtsschein von Personen kaufen, die ihre Anrechtsscheine zu verkaufen bereit sind. Da diese Personen damit aber über kein Einkommen aus Erwerbsarbeit verfügen, werden sie ihre Anrechtsscheine so hoch zu verkaufen trachten, dass sie von dem Erlös das Jahr über bis zur nächsten Anrechtsscheinausgabe leben können.

Wenn in EU allerdings zu viele Personen zum Verkauf ihrer Anrechtsscheine bereit sind, wird der Preis der Scheine sinken und damit eher Anreize erzeugen, sich doch vielleicht der Erwerbsarbeit zu zuwenden. Wenn umgekehrt zu viele Personen arbeiten wollen, steigt der Preis der Anrechtsscheine und macht es damit attraktiv, auf Arbeit zu verzichten und seine Scheine zu verkaufen. Theoretisch sollte sich damit ein Markträumungspreis einpendeln, der die verfügbaren Arbeitsmöglichkeiten den individuellen Arbeitsvorlieben entsprechend verteilt und dabei gleichzeitig eine Existenzsicherung für die Nicht-Arbeitenden gewährleistet.

Hamminga wies auf die interessante Umkehrung der Arbeitsmoral hin, die dieser Handel mit Arbeitsanrechten in EU nach sich zieht. Während nämlich diejenigen, die arbeiten wollen, die Arbeit als nicht sonderlich attraktiv anpreisen werden, um die Preise der Anrechtsscheine gering zu halten, sehen sich diejenigen, die auf Arbeit verzichten wollen, eher dazu veranlasst, die Arbeit zu preisen – hängt doch vom Steigen der Anrechtsscheinpreise ihr Einkommen ab. Und während hierzulande diejenigen, die nicht arbeiten wollen, eher als moralisch verwerflich, als „Sozialschmarotzer“ etc., verurteilt werden, gelten sie unter den Arbeitenden in EU als Helden. Sie sind es nämlich, die dafür sorgen, dass die Anrechtsscheinpreise auf erschwinglichem Niveau bleiben.

So sympathisch und anregend Hammingas Gedankenexperiment wirken mag, es dürfte klar sein, dass es eine Unzahl von Schwierigkeiten birgt, die es im Vergleich etwa zum Grundeinkommen noch weitaus unrealistischer machen. Hamminga selbst (1995: 33f) nennt etwa die Schwierigkeit, einen viablen Übergang von unserem System zu dem von EU zu finden. Darüber hinaus erwähnt er das Problem, genau zu definieren, was denn ein legitimer Erwerbsarbeitsplatz sei, oder auch das Risiko von Anrechtsscheinspekulationen und die Problematik der Migration von Ländern ohne Anrechtsscheinsystem nach EU. Ich selbst halte vor allem das Problem der Vergleichbarkeit unterschiedlicher Arbeitsaktivitäten und die Frage der Korrelation passender Qualifikationen für kaum zu lösen. Es dürfte klar sein, dass die Bereitschaft, Anrechtsscheine zu verkaufen und von ihrem Erlös zu leben, in Niedriglohn-Sektoren größer sein wird als in solchen, die höhere Qualifikationen und damit in der Regel auch höhere Einkommen vorsehen. Vorhersagbar dürfte der Anrechtehandel in der Variante von Hamminga damit Defizite im Angebot bestimmter Arbeitsleistungen erzeugen und so auch die Lohnhöhen beeinflussen und schließlich Inflation nach sich ziehen. Es scheint mir (mindestens) aus diesem Grund gesamtgesellschaftlich nicht zu verwirklichen.

Wohl aber könnte es interessant sein, Arbeitsaktivitäten und die entsprechenden Einkommen in kleinerem Maßstab, vielleicht in Gruppen oder Teams von einigen wenigen bis zu einigen Dutzend Mitarbeitern mit vergleichbaren Qualifikationen und Arbeitsleistungen in dieser Weise umzuverteilen. Das System bedarf in diesem Maßstab allerdings einiger Modifikationen.

II. Der Doodle und sein Arbeitsprinzip

Das augenfälligste Problem beim Verkleinern des Maßstabes von Hammingas Anrechtehandel betrifft die „unsichtbare Hand" des Marktes, die nur bei hinreichend vielen Interaktionen in der Lage ist, einen „ausgewogenen" Preis für die Anrechtsscheine zu generieren. Eine Handvoll von Akteuren, die sich ihre Arbeit und ihre Einkommensmöglichkeiten in dieser Weise umverteilen, kann die „Artenvielfalt" einander widersprechender und sich reziprok mit Spannung versehender Bedürfnisse und Interessen nicht gewährleisten, die notwendig ist, um einen Marktpreis, der den Namen verdient, zu erzeugen. Um also dem Problem kleinzahliger Tauschgemeinschaften beizukommen – und darüber hinaus auch um psychologisch das Gefühl der aktiven Partizipation an der eigenen Arbeits- und Einkommenssituation zu befördern – sieht der *Job Sharing Doodle* eine Art Walras'scher Auktion vor (in der Literatur auch als *tâttonement* beschrieben), bei der sich die Mitsteigernden einer stimmigen Relation von Arbeitsbereitschaft und Einkommenshöhe sukzessive im Zuge von Versteigerungsschritten nähern. Um das Prinzip zu erklären, werde ich im Folgenden, basierend auf österreichischen Durchschnittsdaten, eine Beispielsituation konstruieren, in der sich ein Team von fünf Personen Arbeit und Einkommen für vier Arbeitsplätze teilt.

Nach Angaben der Statistik Austria[4] betrugen die durchschnittlichen jährlichen Arbeitskosten in Österreich im Jahr 2004 pro Vollzeitarbeitsplatz 41680.- Euro.[5] Wenn wir, um des Beispiels willen, annehmen, dass ein fiktiver Arbeitgeber (z.B. infolge der aktuellen Auftragslage) in der Lage ist, 166720.- Euro für Arbeit zu bezahlen, so könnte er damit vier Vollzeitstellen bezahlen. Soll diese Summe unter fünf Personen verteilt werden, so sind einige Aspekte zu berücksichtigen.

Einer davon betrifft den legalen Status der 5 Personen. Wenn wir größtmögliche Flexibilität anstreben, das heißt also, wenn wir zum Beispiel zulassen wollen,

4 http://www.statistik.at/web_de/statistiken/soziales/arbeitskosten/arbeitskostenerhebung/022851.html

5 So die zur Zeit der Abfassung des Artikels verfügbaren Daten. Für aktuellere Daten siehe http://homepage.univie.ac.at/manfred.fuellsack/jsd/anwendungsbeispiele/.

dass sich die 5 Personen Arbeit und Einkommen unter Umständen auch tagesaktuell aufteilen können, so dürfen wir sie nicht stets erst dann formal anstellen, wenn sie sich entschließen zu arbeiten. Das heißt, um Administrationskosten zu vermeiden, werden alle Mitglieder einer solchen Tauschgemeinschaft vorab formal angestellt. Und das heißt, für alle werden „Lohnnebenkosten", bzw., wie dies in der Europäischen Union genannt wird, „indirekte Arbeitskosten" bezahlt. In Österreich zählt dazu, neben Steuern und Arbeitsplatzausrüstung etc., auch der so genannte Arbeitgeberbeitrag zur Sozialversicherung der Arbeitnehmer. Die durchschnittlichen „indirekten Arbeitskosten" belaufen sich damit – wieder nach Statistik Austria – jährlich auf 26,9 Prozent der Arbeitskosten. Dies von den 166720.- Euro subtrahiert, ergibt (gerundet) eine jährlich verteilbare Summe von 121872.- Euro. Monatlich stehen damit 10156.- Euro zur Verfügung.

Herkömmlich verteilt, das heißt gleichmäßig auf vier Arbeitende verteilt, wobei die fünfte Person nichts erhält, ergäbe dies ein Brutto-Einkommen von 2539.- Euro pro Person. Dem entsprechen netto 1690.- Euro. Gleichmäßig auf fünf Personen verteilt, ergäbe dies ein Brutto-Einkommen von 2031,20.- Euro und netto damit 1425,90.- Euro pro Person.

Der projektierte *Job Sharing Doodle* verteilt allerdings nicht gleich, sondern – weitgehend – in Bezug auf die von den Beteiligten der Tauschgemeinschaft je aktuell geäußerte Arbeitsbereitschaft.

Die Applikation (in ihrer aktuellen Version) erfordert es, dass sich die Beteiligten zunächst auf eine Ausgangssumme einigen, von der aus der Rechner die Auktion startet. Je nach (ebenfalls vorab einzustellender) Größe der Iterationsschritte (d.h. der Beträge, um die im Zuge der Auktion erhöht, bzw. vermindert wird), sollten die in der Auktion ausgehandelten Nicht-Arbeitseinkommen nicht allzu weit unter diese Ausgangssumme fallen. Grundsätzlich hängt sie aber vom Verhältnis der verfügbaren Arbeitsplätze und der in der Tauschgemeinschaft involvierten Personen ab und bestimmt als Rahmenbedingung den Möglichkeitsraum der Umverteilung. (Vorstellbar wäre es auch, schon die Einigung auf diese Ausgangssumme über den *Doodle* durchzuführen).

Diese Ausgangssumme wird in den Einstellungen des *Doodles*, ebenso wie die Arbeitskosten, die indirekten Arbeitskosten, die Zahl der zu besetzenden Arbeitsplätze und die Zahl der in der Tauschgemeinschaft involvierten Personen vorab eingegeben. In unserer Beispielssituation nehmen wir an, dass die Ausgangssumme von den Beteiligten auf 877.- Euro festgesetzt wurde, was netto (gerundet) 744.- Euro und damit der Höhe der aktuell in Österreich diskutierten „Mindestsicherung" entspricht.

Der *Doodle* errechnet nun, orientiert an dieser Summe, sowie an der verteilbaren Gesamtsumme und an den sich im Hamminga-System daraus (theoretisch) ergebenden Anrechtsscheinpreisen, einen Vorschlag, den er den an der Auktion

Teilnehmenden auf das Display ihres Smartphones (oder auch ihres Internetcomputers) übermittelt – zum Beispiel ein Arbeitseinkommen von brutto 2320.- Euro und netto 1576.- Euro, das bei Verteilung der 10156.- Euro für vier Personen zur Verfügung stünde und dabei einer weiteren Person eben ein Nicht-Arbeitseinkommen von brutto 877.- Euro bzw. netto 744.- Euro gewähren würde.

Die Beteiligten haben nun in Reaktion auf diesen Vorschlag die Möglichkeit, ihre entsprechende Arbeitsbereitschaft zu signalisieren. Aktuell sieht der *Doodle* dazu vier Möglichkeiten vor, die sich über einen Schieber (Scrollbar) und einen <*übermittle*>-Button eingeben lassen. Wie in Abbildung 2 zu sehen, lauten die Möglichkeiten <*arbeiten*>, <*vielleicht*>, <*eher nicht*> und <*nein danke*>.

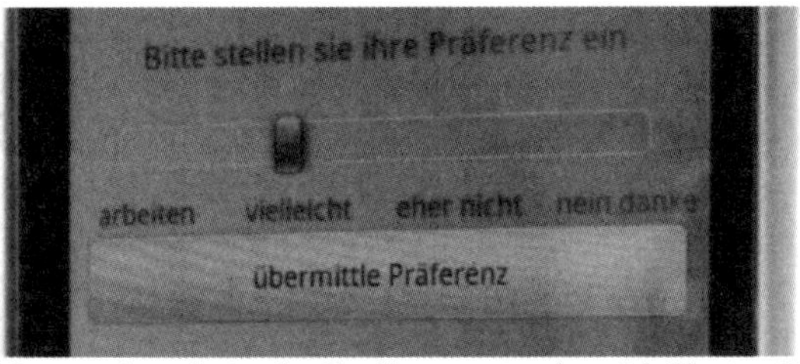

Abbildung 2. Ausschnitt der Eröffnungsseite des *„Job Sharing Doodle"*

Die Beteiligten werden dazu zu einer bestimmten Zeit – etwa zu Beginn des Jahres, des Monats, der Woche oder auch am Morgen des Arbeitstages – per „Weckruf" zur Auktion und um Eingabe ihrer Präferenzen gebeten. Anhand dieser Eingaben, die intern gewichtet werden, erhöht oder vermindert der Doodle im nächsten Schritt seine Vorschläge. Ist zum Beispiel nach Eingabe der Präferenzen eine Tendenz erkennbar, dass die zu besetzenden Arbeitsplätze nicht oder nicht alle besetzt werden (d.h. signalisieren zu viele Beteiligte eher geringe Arbeitsbereitschaft), so erhöht der *Doodle* im nächsten Schritt seinen Vorschlag für die Arbeitseinkommen um einen geringen Betrag (aktuell um 10 Euro) und vermindert dementsprechend seinen Vorschlag für das Nicht-Arbeitseinkommen. Herrscht umgekehrt die Tendenz vor, dass mehr Beteiligte arbeiten wollen als Arbeitsplätze vorhanden sind, so verringert der *Doodle* seinen Vorschlag für die Arbeitseinkommen und erhöht dementsprechend den Vorschlag für das Nicht-Arbeitseinkommen. Die Brutto-Quersumme der Einkommen entspricht dabei immer den verfügbaren Mitteln. Das heißt, das System erfordert keinerlei zusätzliche Mittel, es ist aufkommensneutral und involviert damit den Arbeitgeber in dieser Hinsicht nicht. So er keine persönlichen Vorlieben für einzelne seiner Arbeitnehmer hegt, könnte die Auktion ohne seine Beteiligung und Zustimmung ablaufen.

Neben den Möglichkeiten, die je aktuelle Arbeitsbereitschaft zu signalisieren, verfügt der *Doodle* (in seiner aktuellen Version) über zwei *Buttons*, die den Beteiligten erlauben, Vorschläge zu akzeptieren.

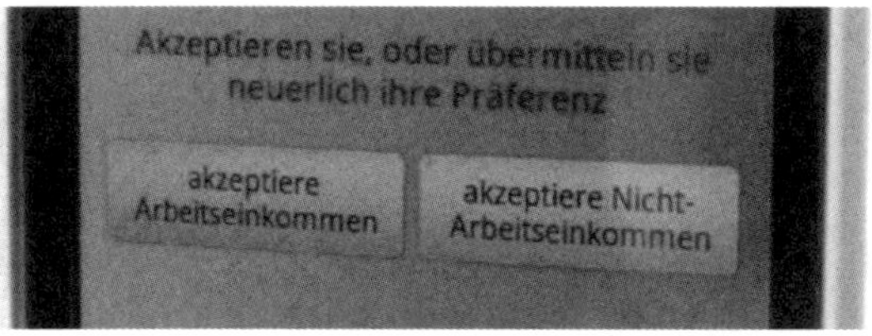

Abbildung 3. Ausschnitt der Eröffnungsseite des „*Job Sharing Doodle*"

Wird ein Vorschlag für ein bestimmtes Arbeitseinkommen akzeptiert, so sind der entsprechende Arbeitsplatz und das Einkommen für die Person, die akzeptiert hat, gebucht und wird aus der Auktion genommen. Die restlichen Mitglieder steigern um die verbleibenden Arbeitsplätze und Mittel weiter. Wenn in unserem Beispiel mit fünf Beteiligten und vier verfügbaren Arbeitsplätzen der Vorschlag für das Nicht-Arbeitseinkommen akzeptiert wird, so ist die Auktion beendet. Die vier nicht so schnell Entschlossenen werden – in dieser Runde – zur Arbeit verpflichtet und erhalten das vorgesehene Arbeitseinkommen.

In kleinen Teams mit nur einer oder einigen wenigen Nicht-Arbeitsmöglichkeiten besteht diesbezüglich natürlich die Möglichkeit, dass notorisch arbeitsaverse Team-Mitglieder die Vorschläge des *Doodles* stets vom Fleck weg akzeptieren und damit ihren KollegInnen keine Entscheidungsmöglichkeiten lassen. Zum einen eröffnet sich diesen Schnell-Entschlossenen allerdings die Möglichkeit, ihre Nicht-Arbeitseinkommen der Auktion auszusetzen und damit unter Umständen zu steigern. Zum anderen sieht der *Doodle* (in seiner aktuellen Version) ein sich akkumulierendes Überbietungsrecht vor, das dann greift, wenn einer oder mehrere der Beteiligten ihre Präferenzen in aufeinanderfolgenden Auktionen nicht zur Geltung bringen können (Technisch werden dazu die Präferenzen zusätzlich in Bezug auf ihre Nicht-Entsprechung mit den Ergebnissen früherer Auktionen gewichtet).

Wenn die verfügbaren Positionen für Nicht-Arbeit oder alle verfügbaren Arbeitsplätze gebucht sind, beendet der *Doodle*, wie schon gesagt, die Auktion und teilt die verbleibenden Mittel gleichmäßig unter jenen Team-Mitgliedern auf, die noch keinen Vorschlag akzeptiert haben. In den bisher dazu durchgeführten Experimenten (siehe dazu gleich unten) erzeugt diese Lösung[6] eine in Anbetracht

6 Alternativ könnten die zugewiesenen Einkommen auch am Mittel der bereits vergebenen Einkommen ausgerichtet werden und etwaige Restsummen dann für eventuell entstehende Diskrepanzen in späteren Auktionen aufbewahrt werden. Diese Lösung zieht allerdings relativ hohen Verwaltungsaufwand

der jeweiligen Möglichkeitsräume relativ ausgewogene Verteilung, die keine zusätzlichen Mittel erfordert, dabei aber den individuellen Präferenzen weitgehend entgegen kommt.

III. Der Multi-Agenten-Test

Um Effektivität und Verhalten des *Doodles* abzuschätzen, wurde ein Multi-Agenten-Modell mit Netlogo (Wilensky 1999) erstellt, das eine Population von Computer-generierten Agenten mit der oben beschriebenen Situation konfrontiert. Die Agenten wurden mit einer individuellen und „zeitlebens" gleichbleibenden Arbeitsneigung in Form einer Zufallszahl zwischen 0 und 100 ausgestattet, in Bezug auf die sie ihre jeweiligen Arbeitsbereitschaften in die Auktion einbringen. Ein Agent, der zum Beispiel in der ersten Runde einer Auktion <*eher nicht*> signalisiert, wechselt seine Arbeitsbereitschaft in der nächsten Runde auf <*nein danke*> (also auf eine Stufe tiefer), wenn, erstens, der Einkommensvorschlag für Nicht-Arbeit höher liegt als die vereinbarte Ausgangssumme und, zweitens, eine (vom Computer je aktuell generierte) Zufallszahl zwischen 0 und 100 größer ist als die Arbeitsneigung des Agenten (also die anfänglich erzeugte, ihm fix zugewiesene Zufallszahl). Der selbe Agent akzeptiert schließlich das Nicht-Arbeitseinkommen, wenn, erstens, noch nicht alle Positionen für Nicht-Arbeit vergeben sind, zweitens, der aktuelle Einkommensvorschlag für Nichtarbeit nach wie vor höher ist als die Ausgangssumme und, drittens, eine neue Zufallszahl zwischen 0 und 100 größer ist als seine Arbeitsneigung.

Mit den oben erwähnten österreichischen Durchschnittsdaten erzeugt diese Simulation Verteilungen, die vor dem Hintergrund der Einkommenssicherheit und des relativ großen Selbstbestimmungsanteils, mit dem sie einhergeht, nicht unakzeptabel scheinen.[7]

IV. Einige Probleme und nächste Schritte

Mitunter verursacht diese Simulation allerdings eher langdauernde Auktionen. Menschliche User würden kaum gewillt sein, mehrere dutzendmal hintereinander ihre Arbeitsbereitschaft einzugeben. Die Länge dieser Auktionen mag mit der Unermüdlichkeit von Computeragenten und der gelegentlichen Zufallskonstellation von Agenten mit sehr geringer oder sehr hoher Arbeitsbereitschaft zu tun haben (wenn diese im Extremfall bei 0 oder 100 liegen, könnten Einkommensvorschläge so gut wie nie akzeptiert werden). Trotzdem könnte aber die Zahl der nötigen

nach sich und entflexibilisiert damit diesen Vorschlag beträchtlich.

7 Für genaue Daten siehe http://homepage.univie.ac.at/manfred.fuellsack/jsd/anwendungsbeispiele/.

Auktionsschritte, insbesondere bei größeren Teams, ein Problem für den *Doodle* darstellen.

Um dies und einige andere Fragen zu testen, wurde eine Simulationsversion des *Doodles* als Java-Applet und als Android-Smartphone-Applikation implementiert. Beide Prototypen erlauben es einem menschlichen User mit beliebig vielen virtuellen KollegInnen um bestimmte (einstellbare) Einkommenssummen zu steigern. (Sowohl Applet wie auch Smartphone-Applikation sind unter http://homepage.univie.ac.at/manfred.fuellsack/jsd/category/sims/ zu finden). Infolge des eher emotionalen und „irrationalen" Verhaltens menschlicher Benutzer, insbesondere wenn es um Arbeits- und Einkommensfragen geht, weisen vorläufige Tests mit dem *Doodle* auf eher kurze Auktionen hin. Systematische Tests wurden aber noch nicht unternommen.

Eine weitere wichtige Frage betrifft die Möglichkeit, im Gebrauch des *Doodles* Strategien zu bilden und anzuwenden. Insbesondere in kleinen Teams scheint es nicht ausgeschlossen, zum Beispiel aus Einkommensvorschlägen für Arbeit, die im Zuge der Auktion steigen, auf eine insgesamt schwache Arbeitsbereitschaft zu schließen und diese Tendenz sodann entgegen der eigentlichen eigenen Arbeitsbereitschaft zu unterstützen, indem unwahre Eingaben gemacht werden. Zwar dürfte diese Möglichkeit bei größeren Teilnehmerzahlen und damit insgesamt höherer Unsicherheit schnell ineffektiv werden. Auszuschließen ist sie allerdings nicht und würde damit die Akzeptanz des *Doodles* beeinträchtigen. Um das Ausmaß dieses Problems zu erkunden, sind gegenwärtig Fallstudien mit Freiwilligen geplant, die bereit sind, vielleicht zunächst kleinere Arbeitsaktivitäten und Einkommensmöglichkeiten mit dem *Doodle* umzuverteilen.

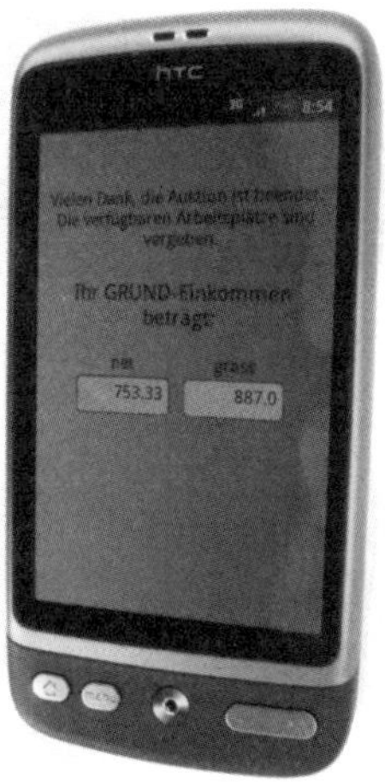

Abbildung 4.
Ende der Auktion im „*Job Sharing Doodle*"

Mit diesen Studien sollte auch die sehr grundlegende Frage nach dem eigentlichen Einsatzbereich des *Doodles* weiter erkundet werden. Da die vorgesehene Umverteilung von Arbeit und Einkommen auf eine bestimmte Kompatibilität der Qualifikationen und spezifischen Arbeitsaufgaben der Tauschenden angewiesen ist, eignet er sich, wie schon gesagt, nicht für großdimensionale, gar gesamtgesellschaftliche Umverteilungen. Gedacht ist eher an Teams mit vergleichbaren Qualifikationen, in denen Aufgaben relativ friktionslos weitergegeben werden können. Insbesondere im Bereich der aktuell nicht sonderlich gut sozial gesicherten so genannten „prekarisiert Arbeitenden" könnten sich diesbezüglich Möglichkeiten bieten. Anstatt sich ungewollt Konkurrenz um wenige verfügbare Aufträge zu machen, könnten hier Leistungsressourcen unter Umständen auch in mehreren Tauschgemeinschaften netzwerkartig verteilt werden. Vorstellbar wäre diesbezüglich auch, dass die Möglichkeit zur Umverteilung schon bei der Auftragsvergabe, etwa von Seiten der Arbeitgeber ins Spiel gebracht wird. Die Arbeitgeber könnten damit erhöhte Ausfallssicherheit verbuchen und Arbeitskräfte, die durch relative Flexibilität und Einkommenssicherheit zu besserer Leistung motivierter würden.

Grundsätzlich neige ich dazu, die Klein-Dimensionalität des *Job Sharing Doodles* eher als Vorteil denn als Beschränkung zu sehen. Um ihn zu verwenden, sind keine komplexen Entscheidungsfindungsprozesse und keine unwahrscheinlichen politischen Konstellationen notwendig, sondern einfach das Übereinkommen einer unter Umständen auch nur kleinen Gruppe. Diese Kleindimensionalität würde es erlauben, den *Doodle* relativ problemlos über kurze Zeit zu testen und bei Nichteignung auch wieder zu verwerfen, beziehungsweise ihn zu variieren und an spezifische Arbeits- und Einkommenssituationen anzupassen. Auch wenn er nicht überall passen sollte, könnte er sich damit in Variationen weiterentwickeln und damit schließlich mit dazu beitragen, die beiden eingangs erwähnten Aspekte unserer Arbeit – den Umstand, dass sie stets Arbeit macht und dabei sich und ihre Produkte ungleich verteilt – etwas angenehmer zu gestalten.

Literatur

Coase, Ronald: (1937): The Nature of the Firm; in: Economica 4/1937, 16, S. 386-405.

Dales, John H. (1968): Pollution, Property and Prices. An Essay on Policy-Making in Economics. Toronto: Toronto University Press.

Dreze, Jacques (1991): Work-Sharing. Some Theory and Recent European Experience; in: Economic Policy 3, p. 562-619.

Füllsack, Manfred (2002): Leben ohne zu arbeiten? Berlin. Avinus.

Füllsack, Manfred (2009): Arbeit. Wien. UTB.

Füllsack, Manfred (2011a): Gleichzeitige Ungleichzeitigkeiten. Eine Einführung in die Komplexitätsforschung. Wiesbaden.

Hamminga, Bert (1995): Demoralizing the Labour Market: Could Jobs be like Cars and Concerts?; in: Journal of Political Philosophy, 3/1995, S. 23-35.

Shirky, Clay (2008): Here comes Everybody. The Power of Organizing without Organizations. London. Penguin.

Tietenberg, Tom H. (2006): Emissions Trading: Principles and Practice. 2nd ed. Washington, DC, Resources for the Future.

Van Parijs, Philippe (1995): Real Freedom for All. What (if anything) can justify capitalism? Oxford. Clarendon Press.

Wilensky, Uri (1999) NetLogo. http://ccl.northwestern.edu/netlogo/. Center for Connected Learning and Computer-Based Modeling, Northwestern University, Evanston, IL.

Williamson, Oliver E. (1975): Markets and Hierarchies: Analysis and Antitrust Implications. A Study in the Economics of Internal Organization. New York. The Free Press.

Jakob von Uexküll

Globale Herausforderungen und Antworten

Es freut mich sehr, wieder hier in Pernegg zu sein! Es freut mich besonders, in einer Kirche sprechen zu können, wo noch immer Gott und nicht das Geld regiert, was ja leider nicht mehr selbstverständlich ist. Vor einigen Tagen wollte ich meinen Kindern den Stephansdom zeigen und war schockiert, drinnen in der Kirche nicht nur einen „Dom-Shop" zu finden, sondern auch ein abgesperrtes Areal, welches nur gegen Bezahlung zu betreten war! Beim Verlassen des Doms wurden wir dann von einem Mönch zu weiteren Käufen gedrängt. Ich habe ihn gefragt, ob er wüsste, wie Jesus damals auf den Kommerz im Tempel reagierte. Meine Bemerkung muss einen wunden Punkt berührt haben, denn er verließ seinen Verkaufsstand, lief mir nach und rief, ich solle nicht solchen Blödsinn reden...

Wir befinden uns jetzt in einem Kulturkrieg um die Grundwerte unserer Zivilisation. Wenn nicht einmal die Kirche einen kommerzfreien Raum bietet, wie sollen wir dann unsere Kinder davon überzeugen, dass ihr Leben und ihre Talente für andere Zwecke geschaffen wurden als für die Jagd nach Schnäppchen und Sonderangeboten?

Der jetzt drängende Paradigmenwechsel braucht Dialoge wie hier bei GLOBArt. Aber er braucht auch klare Markierungen, was tragbar ist und was nicht.

Sie haben mich eingeladen, über globale Herausforderungen und Antworten zu sprechen. Aber die Herausforderungen kennen Sie sicher schon. Die Daten und Fakten sind hinlänglich bekannt, und ich plane nicht, die vielen drohenden Katastrophenszenarien hier zu präsentieren. Ein kurzer Überblick soll genügen. Interessanter wird die Frage nach Antworten. Aber auch diese kennen die meisten schon zu Genüge. Richtig interessant wird es daher erst, wenn es um die Umsetzung der Antworten geht. Hier werde ich meinen Schwerpunkt legen, denn meine Arbeit ist lösungs- und umsetzungsorientiert.

Wie sieht die Lage der Welt heute aus?

Der Klimawandel ist längst nicht nur ein Umweltproblem, sondern bedroht unsere Sicherheit, unseren Wohlstand und unsere Zivilisation. Wir befinden uns in der Phase einer immer stärker werdenden Erderwärmung, die rasant an Fahrt zunimmt. In Stockholm (1972) und Rio de Janeiro (1992) wurden erste Schritte eingeleitet, die Umweltfragen in einem globalen Rahmen zu diskutieren und der globalen Klima-Entwicklung gemeinsam entgegenzutreten. Im Kyotoprotokoll (1997) wurden Klimaschutzziele formuliert, aber ohne verbindliche Ziele zur CO_2-Reduzierung. Die Unsicherheiten in den Prognosen zeigen überwiegend, dass die Entwicklung noch schneller, dramatischer und bedrohlicher verläuft als bisher angenommen. Schon in den nächsten Jahren müssen wir damit rechnen, dass viele hundert Millionen Menschen vom wachsenden Klimachaos (Überschwemmungen, Dürre, Hitzewellen) direkt bedroht werden. Noch zehn Jahre „business as usual" und die Folgen werden weltweit irreversibel und auf vielen Gebieten katastrophal sein. Sogar die nationale Sicherheits-Strategie der USA bezeichnet die Gefahren des Klimawandels jetzt als „real, dringend und ernst".

Eine weitere Herausforderung betrifft unser Finanzsystem, das kollabiert ist und seine Grenzen aufzeigt, mit verheerenden realwirtschaftlichen Folgen. Es konnte und kann nur noch mit extremer staatlicher Hilfe stabilisiert werden. Die „moralische Lizenz zu Handeln" droht daher vor allem im Finanzsektor verlorenzugehen. Das Grundvertrauen in unsere Wirtschaftsordnung ist erschüttert, ohne dass eine realistische Alternative erkennbar ist.

Das baldige Maximum der globalen Ölförderung, „peak oil", noch vor wenigen Jahren nur von einigen Außenseitern vorausgesagt, wird jetzt von den meisten Öl-Experten akzeptiert. Sogar das Pentagon erwartet eine globale Energiekrise bis 2015! Die rapide steigenden Preise und Verteilungskämpfe um diese und andere Ressourcen werden riesige Herausforderungen aufwerfen. Das Weltbild, in dem sich die meisten Menschen zurechtgefunden haben, verliert seinen Realitätsbezug. Denn Naturgesetze können weder von Diktaturen noch von demokratischen Mehrheiten abgeschafft werden! Die Natur liefert auch keine „Rettungspakete" in der Krise, ökologische Schulden werden nicht gestundet, und mit schmelzenden Gletschern kann man nicht verhandeln!

Welche Antworten haben wir auf diese Herausforderungen?

1. Es ist zwingend notwendig, die **Reduzierung der CO_2-Emissionen** mit allen Mitteln, die uns zur Verfügung stehen, voranzutreiben.

Dies geht nur, wenn wir den Energiehunger dieser Welt mit neuen Mitteln decken und schnellstmöglich eine Versorgung mit 100% erneuerbaren Energien erreichen – Sonne, Wasser, Wind, Biomasse. Die angeblichen finanziellen Barrieren auf diesem Weg sind mit politischem Willen schnell zu überwinden. Denn alles, was eine Gesellschaft tun kann (d.h. wozu sie das Wissen, die Arbeitskraft und Ressourcen hat), das kann sie auch finanzieren. Zusätzlich müssen wir die Landwirtschaft klimafreundlich gestalten und die verbleibenden Natur-Wälder unserer Erde endlich wirksam schützen.

2. Es wird notwendig werden, **CO_2 aktiv aus der Atmosphäre zu entnehmen**. Dieser Gedanke ist noch sehr neu und etabliert sich gerade. Aber eine reine Emissionsreduktion wird aller Voraussicht nach nicht mehr ausreichen, der Klimaerwärmung bei der magischen 2°C Obergrenze Einhalt zu gebieten. (Auch diese Grenze wird regionale Katastrophen nicht verhindern – dazu ist es zu spät – aber sie soll verhindern, dass große Teile der Erde unbewohnbar werden.) Für zukünftige Generationen wird es wichtig sein, hier nicht einfach CO_2 aus der Luft zu waschen und unter der Erde zu lagern, sondern Lösungen zu finden, die eine langfristige Sequestrierung unter Zuhilfenahme natürlicher Prozesse erlauben, durch sogenannte „Bio-Sequestration".

3. **Echtes Recycling, wie es die Natur uns vormacht.**
Wir brauchen eine neue industrielle Revolution, die unsere Produktions- und Konsumationssysteme so umbaut, dass so wenig Abfall wie möglich entsteht. Die Natur macht es uns vor! Hierzu gibt es die Kreislaufmodelle, wie sie u.a. von dem Hamburger Professor Michael Braungart (den Sie hier schon hörten) entwickelt wurden. Entnommene Ressourcen sollen wieder zurückgegeben werden können, d.h. echtes Re-Cycling und nicht Down-Cycling.

4. **Faire Einkommen**
Wenn das Wirtschaftswachstum nicht wie bisher weitergeht, müssen Gerechtigkeitsfragen national und global neu gestellt und beantwortet werden.

Eine neue Wirtschaftsordnung muss den fairen Zugang aller zum Markt ermöglichen. „Wie bei allen politischen Revolutionen findet die privilegierte Klasse es schwer, sich dieser neuen Lage anzupassen", schrieb die Financial Times letztes Jahr. Laut einer in derselben Zeitung veröffentlichten Umfrage sind fast 80% in den USA, Großbritannien, Deutschland und verschiedenen anderen Ländern der Meinung, dass Business Manager generell unethisch und überbezahlt sind. Weniger als 10% sind gegensätzlicher Meinung (FT, 14.4.09). Es wächst in der Gesellschaft der Eindruck, dass unsere derzeitige Wirtschaftsordnung in großem Ausmaß von Insidern zu ihrem persönlichen Vorteil manipuliert wird, statt der Allgemeinheit zu dienen. Um ein weiteres Auseinanderdriften der Gesellschaft zu verhindern, brauchen wir nicht nur Mindest- sondern auch Höchst-Einkommensgrenzen.

5. **Übernahme von Verantwortung**
Als „entwickelte" Vorreiternationen müssen wir Verantwortung für die aktuellen globalen Zustände übernehmen. Konkret heißt dies auch Schadensersatz zu zahlen an die, die unseren Entwicklungsweg nicht folgen können, ohne unsere gemeinsame Erde zu gefährden.

In seiner Rede zum Klimawandel bei der UN letztes Jahr sagte Präsident Obama: „Wir können es uns nicht erlauben, dass die alten Visionen, die die Klimadebatte für viele Jahre charakterisiert haben, unseren Fortschritt blockieren. Die entwickelten Nationen, die unserem Klima in dem letzten Jahrhundert so viel Schaden zugefügt haben, tragen immer noch die Verantwortung, zu führen. Und wir werden diese Verantwortung weiterhin übernehmen – indem wir in erneuerbare Energien investieren, höhere Effizienz fördern, und unsere Abgase radikal reduzieren, um die Ziele, die wir für 2020 und langfristig für 2050 gesetzt haben, zu erreichen." Leider sind er und seine Kollegen in Kopenhagen dieser Verantwortung nicht gerecht geworden...

Und schlussendlich
6. **Verzicht üben, d.h. weniger konsumieren**
Eine Lösung wird nur möglich werden, wenn wir lernen, natürliche Grenzen zu akzeptieren und uns vom Wachstums-Fetischismus lösen. Wir sind nicht so reich wie wir glauben. Denn die erstaunlichen vergangenen Wachstumsraten des Finanzsektors hatten oft keinen realwirtschaftlichen Hintergrund – und Geld kann man bekanntlich nicht essen. Auch das vergangene realwirtschaftliche Wachstum geschah zum großen Teil auf Kosten unserer Um- und Nachwelt. Dies ist jetzt nicht mehr möglich, und es werden noch viele Rechnungen hierfür fällig. Sobald wir dies verstanden haben, sieht unsere Welt anders aus. Ein Redner hat hier „im Blick auf den Aufstieg der asiatischen Volkswirtschaften" noch mehr Wachstum und die „Zurückdrängung staatlicher Regulierungen" gefordert. Ich nehme an, er würde sich in Somalia wohler fühlen, wo bekanntlich der Staat überhaupt nicht mehr existiert...

Aber im Ernst: Das viel bewunderte chinesische ‚Wachstum' verschwindet, sobald die Kosten für Um- und Nachwelt mit einbezogen werden!

Zukunftsfähiger dürfte Japan sein, gerade weil Wirtschaft und Konsum dort nicht bzw. wenig wächst. Mark Clifford, Executive Director des Asia Business Council, schreibt dazu im TIME Magazin von 2. August: „Der schwache Konsum könnte aus Japan einen „global leader" in ökologischer Nachhaltigkeit machen. Die Lebenserwartung ist eine der höchsten weltweit; die Kriminalität äußerst gering. Das kulturelle Leben ist exquisit und weltberühmt. Der soziale Zusammenhalt bleibt stark. Einkommensunterschiede sind gering. Die meisten Japaner genießen ihr Leben."
Wir werden sicher auf einige moderne Bequemlichkeiten verzichten müssen. Ein ständiges Größer, Weiter, Mehr, ist für eine Welt mit bald 9 Milliarden Menschen nicht tragbar. Ein Kilo Rindfleisch zu produzieren kostet ca. 15 000 Liter Wasser – ökologisch unbezahlbar. Und ein Menschenrecht für 20 Euro nach Mallorca zu fliegen, auf Kosten der Umwelt unserer Kinder, gibt es nicht!

Wir werden unser Selbst- und Fortschritts-Verständnis neu definieren müssen. All dies ist nicht neu, sondern mindestens seit 1992 in der Rio Agenda 21 bekannt und von allen teilnehmenden Ländern unterschrieben. Aber das dominierende ökonomische Denken untergräbt Gemeinschaft und Solidarität und blockiert verantwortliches Handeln. Daher muss eine realistische Strategie die gesellschaftlichen Rahmenbedingungen ändern, damit individuelles Handeln von positiven Regeln unterstützt wird.

Das heißt unter anderem: Eine tiefgreifende Steuerreform – weg von der Besteuerung von Arbeit, hin zu Ressourcen- und Nutzungssteuern. Es bedeutet ein reformiertes Unternehmens- und Aktienrecht, d.h. die Beschränkung der beschränkten Haftung, auch um zukunftsorientierte Unternehmer von rückwärts gewandten Besitzstandswahrern zu befreien. Wahrscheinlich brauchen wir auch eine Geldreform, um das Nötige finanzierbar zu machen. Auch hierzu, das heißt wie dies inflationsfrei möglich ist, hat der World Future Council einen konkreten Vorschlag gemacht.

Wir müssen jetzt die bekannten Antworten in politische Lösungen verwandeln. Denn es gibt für die meisten Herausforderungen auf dieser Welt bereits irgendwo gute Lösungen. Diese zu finden und zu verbreiten, in Zusammenarbeit mit Parlamentariern weltweit, ist eine Hauptaufgabe des World Future Councils. Dieses war maßgeblich daran beteiligt, dass letztes Jahr eine neue internationale Organisation, IRENA (International Renewable Energy Agency), mit mittlerweile über 140 Mitgliedstaaten, zur Beschleunigung der Einführung erneuerbarer Energien gegründet wurde. Der WFC hat, zur schnelleren Verbreitung von erneuerbaren Energien, das zur Zeit wirksamste Gesetz, das EEG, weltweit bei politischen Entscheidungsträgern etabliert und wir erleben jetzt, dass Nordamerika, England, Südafrika, Australien und weitere von uns beratene Nationen dieses Gesetz einführen.

Der WFC hat das Konzept des „Verbrechens gegen zukünftige Generationen" als potenziellen Straftatbestand auf die internationale Bühne gehoben. Dies wird ein wichtiger Punkt werden, um schnell bessere/zukunftsgerechtere Rahmenbedingungen zu verbreiten. Welcher Politiker wird sich noch trauen, Gesetze auf den Weg zu bringen, die zukunftsbedrohend sind, wenn er dafür juristisch belangt werden kann? Als Positivbeispiel haben wir den ungarischen Parlamentarischen Ombudsmann für zukunftsfähige Generationen aufgegriffen und arbeiten jetzt daran, einen solchen EU-weit zu etablieren.

Ganz wichtig für den World Future Council ist die Arbeit in sich entwickelnden Ländern und Kontinenten. Wir müssen erreichen, dass die Fehler, die die Industrienationen gemacht haben, nicht wiederholt werden. So arbeiten wir sehr engagiert in Afrika und haben dort eine Allianz für Erneuerbare Energien gegründet, auch um Menschen, die keinen Netzanschluss haben (ca. 50% der Weltbevölkerung) zu unterstützen, mit Hilfe von Mikrokrediten freistehende sogenannte Solar Home Systems zu installieren.

Der Weltzukunftsrat arbeitet also mit politischen Entscheidungsträgern weltweit zusammen, um sogenannte „best policies" – die besten bekannten Regeln, Gesetze und Abkommen – durchzusetzen und zu verbreiten.

Die Mitglieder des World Future Council sind Pioniere und Visionäre aus der ganzen Welt. Sie kommen aus Regierungen, Parlamenten, der Wirtschaft, der Zivilgesellschaft, der Wissenschaft und der Kultur. Viele sind Preisträger des Right Livelihood Awards, des Alternativen Nobelpreises. Sie bilden zusammen eine Stimme, die unsere gemeinsame Verantwortung und unsere gemeinsamen Werte als Bürger dieser Erde betont und den Rechten zukünftiger Generationen Gehör verschafft. Denn wir erleben heute „das Ende des Anderen" (Ulrich Beck). Die Folgen unserer Entscheidungen und Nicht-Entscheidungen sind zeitlich weitreichender als je zuvor – sogar geologische Zeiträume sind dadurch für uns moralisch relevant geworden.

Diese Folgen sind auch zum ersten Mal in der Geschichte global. Der US-Ökonom und Alternative Nobelpreisträger Prof. Herman Daly beschreibt die wirtschaftliche Globalisierung der vergangenen Jahrzehnte als den letzten Versuch, den natürlichen Grenzen des BNP-„Wachstums" zu entkommen, in dem wir in den ökonomischen und ökologischen Raum anderer Länder hineingewachsen sind. Die Folge davon ist natürlich, dass die endgültige Grenze global und übergreifend sein wird – das sogenannte „Global Peak Everything".

Aber auch positive Entwicklungen können sich beschleunigen, wie wir nicht nur 1989-91 gesehen haben! Die Vision von Präsident Roosevelt hat die US-Wirtschaft im 2.Weltkrieg dazu gebracht, die über 300 000 Flugzeuge und fast 100 000 Schiffe zu produzieren, die nötig waren, um den Faschismus zu besiegen. Die Historikerin Doris Kearns Goodwin schreibt dazu in ihrem Buch „No Ordinary Time": „Ironischerweise, während die Führer der Industrie an einer mehr oder weniger statischen Sicht der amerikanischen Wirtschaft festhielten, verwurzelt in herkömmlichen Vorstellungen von beschränkten jährlichen Wachstumsmöglichkeiten, waren es Roosevelt und seine unpraktischen Theoretiker (...), die eine starke Vision hatten, dass das Land fähig war, mehr zu produzieren, als jemals jemand für möglich gehalten hatte." Die Zweifler am Potenzial der erneuerbaren Energien sollten wir daran erinnern!

In Krisenzeiten sind große Schritte manchmal leichter als kleine, weil sie als problemrealistisch gesehen werden und so begeistern und mobilisieren können. Lösungen gibt es überall. Ich sage das ganz bewusst, weil ich seit 30 Jahren mit dem Alternativen Nobelpreis solche „Projekte der Hoffnung" auszeichne. Die 137 Preisträger aus 58 Ländern bieten auf vielen Gebieten praktische Lösungsansätze für die großen Herausforderungen von heute. Dass dieser Preis seiner Zeit voraus ist, zeigte sich, als Wangari Maathai den Friedensnobelpreis erhielt – genau 20 Jahre nachdem sie unseren Preis bekommen hatte...

Seit einem Jahr gibt es auch den Future Policy Award des World Future Councils, der „best policies", das heißt vorbildliche Gesetze, auszeichnet. Letztes Jahr haben wir das Gesetz „Recht auf Nahrung" der brasilianischen Stadt Belo Horizonte ausgezeichnet. Es hat die Kindersterblichkeit dort um 60% gesenkt – und kostet 2% des städtischen Haushalts! In diesem Jahr werden wir das weltweit beste Gesetz zum Schutz der Artenvielfalt auszeichnen. Die Preisverleihung findet auf dem UN-Gipfel in Japan im Oktober statt.

Sie werden mich jetzt mit Sicherheit fragen wollen, was Sie persönlich tun können. Allzu leicht verfällt man ja in eine Schockstarre – die Größe der globalen Probleme, vor allem die beispiellose Herausforderung des Klimawandels, sind alleine nicht zu lösen oder andersherum, was hilft es, wenn ich mein Leben umstelle? Der Effekt ist doch minimal? Aus meiner Sicht können wir aber alle einen Beitrag leisten.

Ich will hier drei Ebenen unterscheiden, den privaten Bereich, den beruflichen und den philanthropischen.

Setzten Sie sich zu Hause im Familienrat einmal zusammen und überprüfen Ihre Gewohnheiten. Und wenn Sie noch Kinder im Grundschulalter haben, hören Sie auch auf sie – häufig sind sie schon besser ökologisch ausgebildet als ihre Eltern. Der Fernurlaub wird dann z.B. schnell hinterfragt. Da wir in einem reichen Industrieland leben, können unsere persönlichen Entscheidungen im Weltmaßstab überdurchschnittlich viel bewirken.

An Unternehmer kann ich nur die Empfehlung richten, sich schnell die Chancen, die sich aus der Entwicklung neuer Märkte und der Änderung des regulatorischen Umfelds ergeben, zu Nutze zu machen – und sich aktiv für bessere gesetzliche Rahmenbedingungen einsetzen. Allzu oft wird „die Wirtschaft" noch von ängstlichen Zukunftsverhinderern und Besitzstandswahrern vertreten statt von Unternehmern, die diesen Namen verdienen.

Und natürlich – in eigener Sache – können Sie helfen, indem Sie Organisationen wie den World Future Council und den Alternativen Nobelpreis unterstützen. Wir sind unabhängig, unparteiisch und weltweit einmalig. Daher vertrauen uns Menschen in vielen Ländern und wir können sichtbare Erfolge in kurzer Zeit vorweisen.

Wir brauchen Partner, um unsere weitere Arbeit zu sichern. Eine steigende Zahl von Unterstützern in mehreren Ländern sichert die weitere Existenz dieser Organisationen auch im Interesse ihrer Kinder. Damit wir auf die wachsenden Herausforderungen konsequent, erfolgreich und in einem größeren Rahmen reagieren können, müssen wir diese Zahl schnell erweitern! Ich schließe mit einem Zitat von Anne Frank:

> *„Wie wunderbar ist es doch, dass man nicht einen einzigen Augenblick warten muss, bevor man beginnen kann, die Welt zu verbessern."*

Workshop I

Wachstum ohne Ende?

Vom Versuch, den Wandel mit „The Way of Council" konkret sichtbar zu machen

Patrizia Elfriede Nessmann und Rita Trattnigg

Ziel des Workshops „Wachstum ohne Ende?" war es, ausgehend von der Wachstumsdebatte „Wachstum im Wandel", die vom Lebensministerium initiiert und gefördert wird, im Rahmen der GLOBArt Academy einen gesellschaftlichen Nachdenkprozess weiter in Gang zu bringen. Neben neuen Inhalten sollte auch eine neue, unterstützende Kommunikationsform und innere Haltung ausprobiert und erlebt werden, was mit Hilfe der Gesprächsform „The Way of Council" erfolgte.

> *„It seems more than ever an essential time, in our nation and around the world, to learn together how to listen deeply and live with open hearts and minds." (Zitat: Virginia Coyle, Autorin des Buches „The Way of Council", 2009, www.ojaifoundation.org/Council).*

Einerseits sind wir der Frage nachgegangen und haben individuell hingespürt, welche Art des Wirtschaftswachstums es braucht, damit wir zu einem ausgewogeneren Miteinander in der Gesellschaft, zu einer krisenfesteren Ökonomie und zu einem Lebensqualitätswachstum für alle Menschen sowie unserer natürlichen Umwelt, beitragen können. Ist ein gutes Leben für alle Menschen, auch ohne Wachstumszwang, überhaupt vorstellbar und nachhaltig erreichbar, wie es beispielsweise die *„de growth Bewegung"* bereits im lokalen Bereich anbietet?

Andererseits stellten wir uns die Frage, wie wir in diesem Spannungsfeld von unterschiedlichen Meinungen und Interessen, die von Wachstumsverzicht und Gesundschrumpfen bis zu intelligentem, inklusivem Wachstum reichen und im Workshop von Persönlichkeiten aus verschiedensten Disziplinen und Altersklassen geführt wurde, eine Gesprächskultur herstellen können, die von authentischer menschlicher Verständigung, Toleranz und Respekt getragen ist? Wie können wir es vermeiden, dass einer den anderen nicht verbal überbietet, laufend unterbricht oder wie so häufig, gar nicht mehr zuhört und so am Ende neue Sichtweisen nicht mehr wahrgenommen werden? Wie können wir das Gemeinsame vor das Trennende stellen und uns in der Kunst einander wieder tiefer zuzuhören, einüben?

Dank der Kommunikationsform „The Way of Council" konnten wir uns in dieser Kunst des Zuhörens und des miteinander in einer rituellen Form im Gespräch zu sein, begegnen.

Was ist „The Way of Council"?

„The Way of Council" könnte mit „zu Rate sitzen" übersetzt werden. Council ist altes Wissen für zeitgemäßes Handeln. Eine neue und gleichzeitig uralte tradierte und somit nachhaltige Kommunikationsform in Gruppen und zu zweit, die es uns ermöglicht, die Sicht auf und Verantwortung für das Ganze einzubeziehen. Die Kunst des achtsamen Zuhörens und wesenszentrierten Sprechens wird dabei in den Mittelpunkt gestellt.

Council als gelebte Praxis gründet sich auf uralte Traditionen vieler Kulturen und ist in den letzten 30 Jahren von der Ojai Foundation, einem Nonprofit-Bildungszentrum in Kalifornien, erfolgreich weltweit weiterentwickelt worden. Miteinander und individuell wird Council ein Baustein für einen anderen Fortschritt, eine Möglichkeit, den Wandel ganz persönlich in der Art und Weise wie wir sprechen und wie wir anderen zuhören, selbst vorzuleben, um dem Raum zu geben, was neu entstehen will und größer ist als das Wissen aller Anwesenden im Gesprächskreis.

Dabei ist das Gesagte genauso wichtig wie das Ungesagte! Dies wird möglich durch ein kräftiges Durchatmen zwischendurch und das Lauschen in der Stille dessen, was gesagt wurde, um so die Frucht des Schweigens als ebenso wertvolles Kommunizieren mit einzubeziehen. Genau dafür fehlen in den Diskursen oft der Raum und die Muße für wirkliche Verständigung und Orientierung am Gemeinsamen!

Damit dies praktisch möglich wird, gibt es im Council vier Einladungen an jede/n TeilnehmerIn, auch innere Absichten und Übereinkünfte genannt. Das Grundformat ist ganz einfach und kann sofort persönlich in der jeweiligen Lebenswelt eingeübt und angewendet werden.

Die Grundform im Council basiert auf der Kreisform: Eine Gruppe von Menschen sitzt im Kreis. Durch das Kreisformat wird die Gleichberechtigung der anwesenden Menschen unterstützt. Jede/r ist sichtbar. Es gibt keine/n „Vorsitzende/n", nur eine/n BegleiterIn, die/der der Gruppe hilft, die Form und den Prozess in Gang zu halten.

Sprechgegenstand: Jede/r Sprechende bekommt die Ermächtigung, durch einen dem Anliegen und Thema entsprechenden Sprechgegenstand, zu sprechen und zwar ohne unterbrochen zu werden! In der einfachsten Form wird der Sprechgegenstand im Kreis von Person zu Person geführt, damit jede Stimme im Kreis gehört werden kann, auch die der Schwächeren und Stilleren.

Die vier Einladungen:

1. Einladung: Wesens- und herzzentriert sprechen

Das Symbol des Sprechgegenstandes erinnert die Sprechenden daran von ihrer höchstmöglichen Wahrheit und ihrem Wissen zu sprechen. Die Zuhörenden wiederum werden an ihre Bereitschaft erinnert, den Sprechenden, wirklich GANZ zuzuhören, ganz besonders, wenn sie nicht mit dem Gesagten übereinstimmen und nicht wie sonst üblich, durch innere Bewertungen geistig sofort abschweifen und diese unterbrechen.

2. Einladung: Die Kunst des achtsamen Zuhörens

Dazu bedarf es, dass die Zuhörenden versuchen, aufmerksam so hinzuhören, dass sie ihre auftauchenden Gedanken, Gefühle und vorgefassten Meinungen im Moment kurz wahrnehmen und wieder vorbeiziehen lassen. Ähnlich wie bei einer Meditation. Dank dieser Achtsamkeit beim Zuhören, wird jede/r Sprechende unterstützt, aus ihrer/seiner höchst möglichen Wahrheit zu sprechen und auch Unbequemes auszusprechen, um so auf den Punkt zu kommen. Umgekehrt eröffnet sich den Zuhörenden dabei ein tieferes Verständnis für das Gehörte, eine größere Verbundenheit zu dem Menschen, der spricht, und die Chance, das Eigene aus neuer Perspektive zu erfahren.

3. Einladung: Knackig sprechen und auf den Punkt kommen

Damit die Geduld der achtsam Zuhörenden ebenfalls gewürdigt wird, übt sich jede/r Sprechende darin, sich in Gedicht- statt in Romanform auszudrücken; sich dabei darauf zu konzentrieren, was nicht nur ihm/ihr selbst dient, sondern auch dem Ganzen/Thema/Betrieb etc. und den Anwesenden.

4. Einladung: Risiken eingehen und spontan sein

Wenn etwas schon sehr in einem brennt, was gesagt werden will, bedarf es kurz durchzuatmen und das Risiko auf sich zu nehmen, zu vertrauen, das Richtige im Moment zu sprechen. Diesmal eben noch einen Moment zu warten und nicht, wie so oft, vorher die „Rede" innerlich vorbereiten, noch während gesprochen wird.

> *Sei selbst die Veränderung, die Du in der Welt sehen möchtest.*
> *(Mahatma Gandhi)*

Im Workshop wurde in der Einführungsrunde, in der jede/r TeilnehmerIn eine Stimme bekommen hat, der Frage nachgegangen: „Wo und wie bin ich persönlich konfrontiert und berührt von dem Glauben an ein „Wachstum ohne Ende"?"

Danach hat sich im Laufe des Workshops eine spezielle Form herauskristallisiert, die darin bestand, dass sich zwei Kreise, ein Innenkreis und ein Außenkreis, gebildet haben. Wobei sich im Innenkreis all jene zusammenfanden, die den Wunsch verspürten, unmittelbar und direkt ins Thema einzusteigen. Die Menschen im Außenkreis hörten dem Gesagten im Innenkreis zu und spiegelten als sogenannte „ZeugInnen" das vom Innenkreis Gehörte und reflektierten zeitlich versetzt darauf.

Hier ein kurzer Einblick dessen, was sich im Workshop an Themen und Befindlichkeiten dazu gezeigt hat:

- Durch das Ansprechen von „unbequemen Wahrheiten" und inneren Widersprüchen / Widersprüchlichkeiten im eigenen Handeln wurden andere TeilnehmerInnen am Council dazu ermutigt, auch ihre Themen anzusprechen.
- Folgende Spannungsfelder haben sich gezeigt: pro Wirtschaftswachstum – contra Wirtschaftswachstum; Verzicht als Lösung – Verzicht als keine Lösung; Schwanken zwischen Sorge über Entwicklungen/den Zustand der Welt und Hoffnung, dass alles gut wird; Vorschriften (Gesetze, Regeln) vs. Eigenverantwortung und Paradigma des selbstermächtigten Handelns.
- Es hat sich zwischendurch eine große Schwere und Ohnmacht darüber eingestellt, dass wir schon so lange über Lösungen reden und trotzdem nichts weiter geht.
- Gleichzeitig wurden konkrete Handlungschancen im Bereich der „Erneuerbaren Energien und Grünen Industrie" erkannt und benannt.
- Ein dringendes Handlungserfordernis, vor allem bei der Zivilgesellschaft (den BürgerInnen) wurde parallel dazu gesehen.
- Die Besinnung auf das Wesentliche wurde immer deutlicher, wie sich Zeit zu schaffen und Zeit zu nehmen für Herzens-Beziehungen in den Familien, Partnerschaften, Freundschaften und in den Organisationen (z.B. Schulen, Unternehmen, öffentlichen Einrichtungen, Gemeinden).
- Als eine Vision wurde formuliert, dass sich mithilfe der Kommunikationsform des Council solche Gesprächskreise wie bei der GLOBArt Academy und auch beispielsweise zum Thema „Wachstum im Wandel" über ganz Österreich und darüber hinaus ausbreiten.

Wo bin ich selbst der Baustein für einen Wandel?
In der Abschlussrunde zeigte sich eine große Bereitschaft dazu, Selbstverantwor-

tung zu übernehmen und selbst ein ganz konkreter Baustein für den Wandel zu sein, und diese „Selbstverpflichtung“ auch aus dem Workshop in die eigenen Lebensbereiche mitzunehmen.

Der Workshop hat uns darin bestärkt, dass soziale Prozesse wie dieser notwendig sind, um eine andere Form der Gesprächs- und Beziehungskultur nicht nur in die Lebenswelten der Nachhaltigkeitsdiskurse hinein zu tragen. Es wurde der dringende Wunsch geäußert, dass Politik und Verwaltung soziale Prozesse dieser Art weiter initiieren, unterstützen und fördern. Der Wunsch der TeilnehmerInnen danach, solche Räume und Zeiten der Auseinandersetzung mit Fragen nach unseren Lebens-, Arbeits- und Wirtschaftsweisen, in dieser Form des authentischen Miteinander- Kommunizierens wie hier im Council, zu finden, unterstreicht diese Erkenntnis.

Großer Dank gebührt dem Team von GLOBArt und dem Lebensministerium dafür, diesen Pilotversuch, das Thema „Wachstum im Wandel“ in Verbindung mit der Kommunikations-Form „The Way of Council“ gewagt und bei der Academy 2010 ins Leben gerufen zu haben. Damit wird Wandel konkret sichtbar.

Weitere Informationen zur Initiative „Wachstum im Wandel“ unter:
www.wachstumimwandel.at

Workshop II

Welche Innovationen führen in die Mobilität von morgen?

Herausforderungen an die Daniel Düsentriebs von heute

Christine Zach

Dieser Workshop erfreute sich bis zum Schluss eines besonders großen Zuspruches, und die Teilnehmer nutzten dabei ausgiebig die Gelegenheit zur Reflexion und Diskussion. Ausgangspunkt war die Frage, welche Innovationen zu einer nachhaltigen Mobilität führen und womit sich „moderne Daniel Düsentriebs" auseinandersetzen.

Das Expertenpanel wurde von Christine Zach, Leiterin der Zukunftswerkstatt ÖAMTC AKADEMIE, mitgestaltet und moderiert. Es vermittelte einen Überblick über den aktuellen Stand der Forschung in den mobilitätsrelevanten Bereichen Elektromobilität, Energieeffizienz, alternative Antriebe und Kraftstoffe, Leichtbau und innovative Materialien, Telematik sowie innovative Gestaltungsansätze für den „Lebensraum Straße". Für Christine Zach hat „die Elektromobilität das Potenzial, unser Mobilitätsverständnis grundsätzlich neu aufzumischen. Denn vor allem durch die Reichweitendefizite und Ladedauer muss die Nutzung eines Fahrzeuges bewusst geplant werden."

Wie Elektromobilität in der Praxis bereits jetzt funktioniert, demonstrierte Gerald Rücker anschaulich mit mehreren Elektrofahrrädern, die den Tagungsteilnehmern zu Testzwecken zur Verfügung standen. Dieses Angebot wurde ausgiebig genutzt. Rücker zum Engagement des niederösterreichischen Energieversorgers: „Die EVN sammelt seit rund 20 Jahren Erfahrungen im Bereich von gas- und strombetriebenen Fahrzeugen. Aktuell betreibt die EVN 15 Elektro-Ladestellen in der Wachau und versorgt diese mit 100% Ökostrom." Für die weitere Zukunft stellt er klar: „Es liegt nicht an den einzelnen Ideen zur (Elektro-) Mobilität – es fehlen die Rahmenbedingungen."

Die Herausforderungen für eine zeitgemäße Mobilitätsforschung skizzierte Franz Pirker, Leiter der Abteilung Mobilität im Austrian Institute of Technology (AIT): „Bei der Entwicklung neuer Mobilitätskonzepte geht es einerseits darum, das Optimum für den einzelnen Nutzer darzustellen, aber auch in gleichem Maße das Gesamtverkehrssystem zu optimieren. Bei der Implementierung neuer Mobilitätsangebote ist es wichtig, nicht den Nutzer/Kunden unbedingt umerziehen zu wollen, sondern entsprechende Mobilitätskonzepte und –angebote auf Basis neuester Technologien zu entwickeln, welche vom Kunden angenommen werden. Wichtig ist, zukünftigen Nutzern die Angst vor neuen Technologien zu nehmen."

Andreas Dorda bot in seinem Beitrag einen Überblick über die Prinzipien der Technologieförderung durch das BMVIT, mit einem besonderen Fokus auf Elektromobilität: „Die vom BMVIT geförderte Markteinführung der Elektromobilität:

- bietet die große Chance für sauberen Straßenverkehr
- ist gespeist aus erneuerbaren Energiequellen
- ist eingebettet in ein intermodal mit dem ÖV vernetztes, optimiertes Gesamtverkehrssystem
- dient der Demonstration österreichischer Technologiekompetenz und Sicherung der Arbeitsplätze und Wettbewerbsfähigkeit der österreichischen Industrie."

Dabei zählen die Bereiche Pendler, Taxi, Öffentliche Flotten, Betriebliche Flotten, (jugendliche) Benutzer einspuriger Elektrofahrzeuge sowie Umsetzungsregionen zu den prioritären Handlungsfeldern.

Aus der Sicht der Wissenschaft stellte Professor Günther Brauner (Institut für Elektrische Anlagen und Energiewirtschaft an der TU Wien) eindeutig klar, dass das oberste Forschungsziel im Bereich der Elektromobilität darin liegt, Mobilitätsbedürfnisse umweltfreundlich zu erfüllen. Nachhaltige Mobilität sei nur mit einer Ausrichtung auf „zero emission" vereinbar. Dazu müssen einerseits neue Fahrzeugtechnologien entwickelt werden, die auf die Gestaltung des Fahrzeuges, den Antrieb und die Energiespeicherung abzielen, und muss andererseits eine nachhaltige Energiebereitstellung gewährleistet sein. Das größte Potenzial lässt sich laut Günther Brauner für die Energiequellen Öko-Methan, Wind, Wasser und Solar darstellen. Eine besondere Herausforderung werde auf die Belastbarkeit der Europäischen Stromnetze zukommen. Extreme tageszeitliche Schwankungen beim Strombedarf könnten durch Tarifmodelle und die Nutzung von Autobatterien als Stromspeicher abgefedert werden. Das wiederum hätte Auswirkungen auf die Ladeinfrastruktur, sowohl im öffentlichen Raum als auch auf einen Schwerpunkt im privaten Bereich, der auch für die Energiegewinnung zunehmend interessant werden würde.

Generell waren sich die Experten einig, dass es zu einer Veränderung der Mobilitätskonzepte kommen wird, sowohl im Individual- wie im Multimodal-Bereich.

Eine prägnante Rolle wird dabei der Einsatz von Informations- und Kommunikationstechnologien (IKT) für Fahrzeug und Nutzer spielen. Und wiederum wird die Elektromobilität ein Treiber dafür sein, da Informationen im größeren Umfang für die Nutzung dieser Fahrzeuge notwendig sind (u.a. Batterieladezustand, nächste Ladestation, Schnittstelle zum ÖV laut Tarifmodell etc.).

Anhand einiger Exponate zeigte Herwig Kirchberger (Teufelberger GmbH, Composite Technology), an welchen Optionen für die Entwicklung von Leichtbaumaterialien intensiv gearbeitet wird. Im Mittelpunkt stehen sogenannte Verbundkonzepte: Composite = Faserverbund = Intelligenter Leichtbau. Dabei wird versucht, die Effizienz von Naturmaterialien nachzubilden. Der „Star" unter den Composite-Materialien für den Fahrzeugbau ist die Kohlefaser mit folgenden herausragenden Eigenschaften:

- Hohe Anisotropie
- Hoher Integrationsgrad (bedeutet eine Reduktion von Teilekomplexität)
- 50% leichter als Stahl, 30% leichter als Aluminium
- Resistent gegen Korrosion und organische Lösungsmittel
- Keine Geometrieänderung bei Temperaturschwankungen
- Hohe Energieabsorption im Falle eines Crashs.

Da das Gewicht eines Fahrzeuges einen wichtigen Einfluss auf den Energieverbrauch hat, wird diesem Effizienzsteigerungsmerkmal in Zukunft noch größere Bedeutung beigemessen werden.

Einen ganz anderen Aspekt künftigen Mobilitätsgeschehens beleuchtete der Architekt Thomas Pilz von Shared Space – der Mensch im Mittelpunkt: „Die Diskussionen haben gezeigt, dass die Grundgedanken von Shared Space unmittelbar auf Verständnis stoßen. Die Integration des Verkehrs in das sozial bestimmte Leben im öffentlichen Raum wirkt als Mittel zur Erhöhung der Lebensqualität im urbanen Raum, weil sie eine Verhaltensänderung auslöst – nicht durch Zwang, sondern durch Verführung zum selbstbestimmten, verantwortungsbewussten Leben."

Thomas Pilz äußerte die Überzeugung, dass Elektromobilität nur dann eine nachhaltige Veränderung bewirken und Verkehrsprobleme im urbanen Raum lösen werde, wenn sie nicht bloß den Austausch eines Antriebssystems durch ein anderes darstelle. „Dies kann sie erst, wenn der Umstieg aufs Elektromobil zum Anlass genommen wird, flächendeckende Carsharing-Systeme zu etablieren, um so die irrationale Bindung des Subjekts an sein privates Fahrzeug zu durchbrechen. Erst dann wird sich ein bewussteres Mobilitätsverhalten im Bereich der

Auto-Mobilität durchsetzen."
Bei der abschließenden Diskussionsrunde mit allen Referenten wies Harald Bleier (eco plus) nochmals auf die zukunftsweisenden E-Mobilitätsprojekte in Niederösterreich hin: „Mit der Initiative „e-mobil" und der Modellregion Wachau mit dem Motto „Komm und probier's aus" wird ein aktiver Beitrag zur Bewusstseinsbildung der Bevölkerung zu den Chancen und Möglichkeiten von Elektromobilitätsprodukten geleistet. Darüber hinaus werden zukünftige Wertschöpfungspotenziale für niederösterreichische Unternehmen erhoben." Zusammenfassend hielt Bleier fest: „Speziell für die junge Generation wird mit der Elektromobilität ein völlig neues Innovations- und Kreativitätspotenzial erschlossen, das zu neuen Produkten und Dienstleistungen führen wird."

Workshop III
Denken im Affekt
Ein Erfahrungsbericht

Bernd Bösel und Elisabeth Schäfer

Einen philosophischen Workshop auf einer Sommerakademie durchzuführen, die sich aufgrund ihres konnektivistischen Selbstverständnisses durch eine vielleicht einmalige Bandbreite auszeichnet – sowohl was die Themen und Settings der Vorträge, die Durchmischung mit künstlerischen und musikalischen Darbietungen, als auch die aus den unterschiedlichsten Berufsfeldern kommenden TeilnehmerInnen betrifft –, bedeutet, zwischen zwei Felsen hindurch navigieren zu müssen, die das drohende Scheitern immerzu vor Augen führen. Die Skylla, um im Bild zu bleiben, sahen wir in der Gefahr, einen SpezialistInnen-Workshop durchzuführen, der besser auf eine philosophische Großveranstaltung passen würde, deren TeilnehmerInnen alle denselben Diskurs oder „Jargon" sprechen. Als Charybdis wäre dagegen die nicht minder düstere Aussicht anzusprechen, mit allzu einfach gestrickten, die Klischees einer massentauglichen Populärphilosophie bedienenden Konzepten, zu hantieren, die vielleicht kurzfristigen Zeitvertreib, kaum aber länger anhaltende Befriedigung oder gar Anregung bringen.

Unser Ziel war es, die TeilnehmerInnen sehr wohl mit philosophischen Themen und Texten zu konfrontieren, ohne allerdings die typischen Ausschlüsse zu produzieren, die mit für einen dreistündigen Workshop allzu hochtrabenden Fragestellungen fast zwangsläufig einhergehen. Mit der Ankündigung zu einem „Denken im Affekt" haben wir gehofft, sowohl InteressentInnen mit einschlägigen Vorkenntnissen als auch NeueinsteigerInnen anzusprechen.

Der Titel bedeutet für uns, sich auf das Affektive (das Emotionale) mit-denkend einzulassen, anstatt (wie es in den Geisteswissenschaften gebräuchlich geworden ist) aus sicherem Abstand heraus bloß darüber zu sprechen. Dieses abständige Denken braucht Ergänzung durch ein inständiges Denken, weil nur so die Wirklichkeit der Affekte angemessen zur Sprache kommen kann. Wir haben daher für einige uns wichtig erscheinende Emotionen Texte von PhilosophInnen zusammengestellt, die auch in der Sprachgebung dem emotionalen Erleben gerecht werden.

Was wir mit dem Titel „Denken im Affekt" ansprechen, hat auch unsere Auswahl der Texte stark inspiriert. Unsere eigene philosophische Erfahrung, dass

Texte affizieren können und dass dies nicht Beiwerk ist, das Lust oder Unlust bereitet, sich mit manchen Texten näher, mit anderen weniger intensiv zu befassen, sondern bereits von einer Erkenntnis spricht und getragen ist, haben wir – um mit dem Thema der Sommerakademie zu sprechen – als Konnex verstanden. Was sich mitteilt, was bewegt, anregt, was affiziert, setzt auch oft weiteres in Bewegung: Emotionen, die sich ihrerseits mit-teilen (lassen). Und was sich mit-teilt, kann Verbindungen stiften: „Connecting Worlds of Arts and Sciences". Mit den Passagen von u.a. Georges Bataille, Ernst Bloch, Luce Irigaray, Martin Heidegger, Emile Cioran, Marìa Zambrano, Jean-Jacques Rousseau wollten wir der Affizierbarkeit durch Stil, sprachliche Gestalt und Gestaltung Raum geben.

Im Hauptteil des Workshops diskutierten die TeilnehmerInnen in Kleingruppen jeweils einen der angebotenen Affekte – von der Angst bis zur Liebe. Der jeweils vorgegebene Impulstext diente dabei als Leitfaden, der dazu ermutigen sollte, das eigene persönliche Denken, das mit dem Erleben dieses Affektes einhergeht, bewusst werden zu lassen. Dazu hatten wir einige Fragen und Anregungen formuliert, wie etwa: „Versuchen Sie sich daran zu erinnern, welche Gedanken Ihnen typischerweise kommen, wenn Sie ‚in' diesem Affekt sind – und formulieren Sie ein paar Aussagen oder Sätze, die der ‚Stimme' dieses Affekts entsprechen!" Da es uns aber zugleich darum ging, Einsprüchen gegen ein rein emotionales Denken Raum zu geben, baten wir in einem zweiten Schritt darum, der (wiederum persönlich gefärbten) „Stimme der Vernunft" Ausdruck zu verleihen.

In der letzten Stunde des Workshops präsentierten die Kleingruppen in freier Form die Ergebnisse ihrer Diskussionen. Dabei zeigte sich, dass die persönlichen Erfahrungen in Kombination mit philosophischer Reflexion den jeweils besprochenen Affekt zum Teil sehr lebendig werden ließen. Es war schön zu beobachten, wie etwa Begeisterung und ekstatische Momente im Sprechen, ein Hindenken und Hinwenden zu einer freudigen Grundhaltung, das Aushalten der Schwere von Trauer oder die Sorge um Verlust und Wiederauftauchen der Hoffnung auf die Bühne traten, um nur einige eindrückliche Erlebnisse der Gruppen mit „ihrem" jeweiligen Affekt zu nennen. Zugleich wurde auch von kritischen Diskrepanzen zwischen dem eigenen Erleben, der philosophischen Haltung und den das Erleben stark prägenden Erkenntnissen der Naturwissenschaften berichtet.

Die unermüdliche Aufmerksamkeit und Diskussionsfreudigkeit der TeilnehmerInnen sehen wir als starkes Zeichen dafür, dass die Philosophie gerade heute ein enorm hohes Potenzial hat, wenn ihre VertreterInnen bereit sind, aus dem akademischen Fachjargon herauszutreten und in einer gemeinschaftlichen Bemühung differenziert zu fühlen und zu denken.

Workshop IV

Web 3.0 - Wie verändert das Internet unsere Welt?

Eine kurze Geschichte des Internets - der Weg zu einem Web 3.0

Oliver Mack

Die Anfänge – vor der Geburt des Internet

Nichts hat die Welt so nachhaltig verändert wie das Internet, seine Dienste und seine Nutzung – vielleicht seinerzeit die Industrielle Revolution Anfang des 19. Jahrhunderts, die die Moderne einläutete und die kommenden Entwicklungen technologisch wie gesellschaftlich erst ermöglichte. Der Ersatz der Muskelkraft durch Maschinenkraft sowie der signifikante Ausbau der Verkehrs- und Warenlogistik schafften die Basis für einen rasant wachsenden Wohlstand mit immer neuen und komplexeren Produkten und Dienstleistungen, die nicht zuletzt verschiedenste Technologien zu immer komplexeren Fertigungsprozessen und Endprodukten kombinierten. Die soziale Dimension mit ihren Werten der Aufklärung, dem Fortschrittsglauben und der Domestizierung der Natur, der Rationalität und Individualisierung sowie Autonomie weiter Teile der Gesellschaft als Merkmale der Moderne trugen auf ihrer Seite zu einer entsprechenden Beschleunigung bei.[1] Die Digitale Revolution, die mit der Erfindung des elektronischen Mikroprozessors gut 200 Jahre später folgte, zeichnete den ersten direkten Grundstein, der weitere Entwicklungen erst möglich machte. Neben der Entwicklung des Mikroprozessors und damit der modernen Computertechnologie waren die rasanten Entwicklungen im Bereich Speichertechnik sowie Datenübertragungstechnik die Grundlage für das Internet, wie wir es heute kennen. Seit in den 1960er und 1970er Jahren die ersten Mikroprozessoren in Serie gingen, gilt bis heute das sogenannte Mooresche Gesetz, benannt nach Gordon Moore, einem Gründungsmitglied von Intel, der es bereits 1965 formulierte. Hiernach verdoppelt sich die Leistung eines Mikroprozessors ca. alle 18 Monate zum gleichen Preis und die Kosten für Datenspeicher halbieren sich alle 12 Monate bzw. der Preis für Bandbreite für Datenübertragung alle 9 Monate. Inwiefern und wie lange sich dieser Trend fortsetzt, ist allerdings offen.[2]

1 Siehe hierzu auch umfassend: Eric Beinhocker, Die Entstehung des Wohlstands, München 2007.

2 Vgl. http://www.forbes.com/2010/04/29/moores-law-computing-processing-opinions-contributors-bill-dally.html; abgerufen: 01.09.2010

Als Vorgänger des heutigen Internets verbreiteten sich bereits 1980-1990 sogenannte Bulletin Board Systems (BBS). Diese bestanden aus einen Computer, der mit einem Modem mit der normalen Telefonleitung verbunden war. So konnte sich lediglich ein Anrufer zur gleichen Zeit in den Computer einwählen und dessen Dienste in Anspruch nehmen. Später kommunizierten einzelne BBS Computer über Nacht miteinander und tauschten so gegenseitig in ersten proprietären Netzwerken national und international Daten und Nachrichten aus. Diese BBS wurden in der Regel von nichtkommerziellen Vereinen oder einzelnen Computer-Begeisterten kostenlos betrieben. Bereits zu diesem Zeitpunkt gab es nützliche Informationen, wie Kinoprogramme, Veranstaltungskalender, Programmiertipps, öffentliche Diskussionsforen zu verschiedensten Themen sowie private Nachrichten. Zeitgleich kamen erste kommerzielle Angebote wie Compuserve oder AOL auf den amerikanischen und dann internationalen Markt, um dieses Angebot der ersten BBS zu professionalisieren.

Das WorldWideWeb (WWW) ein Hypertextsystem, wie wir es heute als abrufbare und verlinkte Webseiten kennen, entstand 1989 als ein Projekt am CERN Forschungszentrum in Genf. Hier baute Tom Berners-Lee ein Hypertextsystem mit dem Ziel auf, Forschungsergebnisse auf einfache Art mit Kollegen austauschen und Informationen verknüpfen zu können. Am 6. August 1991 wurde es zur weltweiten Benutzung freigegeben und entwickelte sich schnell zum Standard der Informationsbereitstellung über das Internet.[3] Auf diese Ursprünge weisen noch heute das einleitende „http://www." vor jeder Internetadresse hin.

Das Web 1.0 – das „read-only" Web

Der Begriff des Web 1.0 wurde erst in den letzten Jahren geprägt, um eine erste Phase des Internet zu beschreiben, die sich hinsichtlich Nutzung und Wahrnehmung von der späteren Phase des Web 2.0 signifikant unterscheidet.[4] Charakteristisch ist beim Web 1.0 die aus klassischen Medien bekannte Nutzung des Internet, in der wenige Autoren oder „Bearbeiter", Organisationen oder Einzelpersonen, Inhalte bereitstellen. Dem gegenüber stehen viele Nutzer, die diese Informationen eher passiv konsumieren. Zu Beginn nutzten primär Wissenschaftler, später auch immer mehr Privatpersonen das Web vorrangig zur reinen Informationsrecherche bereitgestellter und verlinkter Daten und Dokumente. Später wurden auch zunehmend einfache Transaktionen, wie Produkt- und Dienstleistungskäufe abgewickelt. Webseiten dieses Typs waren in der Regel statisch und veränderten sich

3 Vgl. http://de.wikipedia.org/wiki/World_Wide_Web, abgerufen: 01.09.2010.

4 Vgl. Hierzu und im folgenden http://de.wikipedia.org/wiki/Web_2.0, abgerufen: 01.09.2010.

lediglich in größeren Zeitabständen. Aus sozialer Sicht dominiert die einseitige Kommunikation bzw. transaktionsbasierte Interaktion.[5]

Das Web 2.0 – das „soziale" Web von heute

Der Begriff des Web 2.0 wurde erstmals 2003 verwendet und besonders durch Tim O'Reilly, Verlagsgründer und Berater, im Jahr 2005 in der breiten Öffentlichkeit bekannt.[6] Nicht zuletzt durch technologische Weiterentwicklungen (wie schnellere Datenübertragung, neue Technologien, etc.) sowie durch neue Angebote und Konzepte entwickelte sich das Internet zu einer stärker multi-medial orientierten, stärker interaktiven globalen Plattform.[7] Eine typische Anwendung ist hierbei das Teilen von Medien wie Fotos oder Videos auf Websites wie www.flickr.com (Foto) oder www.youtube.com (Video). Eine weitere Form ist die Nutzung kollektiver Intelligenz zur Erzeugung benutzergenerierter Inhalte, sogenannte Wikis. Das bekannteste Projekt dieser Art ist die offene Encyclopedia www.wikipedia.de. Eine andere Form sind sogennante Weblogs als einer Art Nachrichtenforen, die von jedem frei betrieben werden können.

Das dem Web 2.0 zugrundeliegende Beziehungsmuster der Akteure bewegte sich stärker hin zu einer „Viele zu Vielen" Netzwerkinteraktion. Damit fokussiert das Internet deutlich stärker auf eine Unterstützung sozialer Strukturen und Interaktionen. Häufig wird dieser Sachverhalt mit dem Begriff des „Social Web" bezeichnet.[8] Neben der Bereitstellung medialer Inhalte oder gemeinsamer Erstellung von Inhalten sind soziale Netzwerke im Web 2.0 von elementarer Bedeutung. Dabei unterstützt das Web nun einerseits die Bereitstellung von Informationen über die eigene Person und damit der Darstellung wie auch proaktiven Gestaltung der eigenen Identität, die Pflege des eigenen sozialen Netzwerks online, wie schließlich die Kommunikation im eigenen Netzwerk sozialer Kontakte oder aber mit anderen, fremden Teilnehmern. Typische Beispiele sind die auf das Berufs- und Geschäftsleben zielenden Netzwerke www.linkedin.com oder www.xing.com oder das bekannteste private Netzwerk www.facebook.com.[9]

Das Web 2.0 ist bereits im Alltag der sogenannten „Digital Natives" fest veran-

5 Vgl. hierzu und im folgenden Khare, A./ Mack, O./ Mildenberger, U., Enterprise 2.0 und interorganisationale Netzwerke, S. 87 f., in: Khare, A./ Mack, O./ Mildenberger, U. (Hrsg.), World 3.0 – Wandel durch Innovation in Informations- und Medientechnologie, Berlin 2010, S. 81-99.

6 Vgl. ebenda; Vgl. auch http://de.wikipedia.org/wiki/Web_2.0, abgerufen: 01.09.2010.

7 Vgl. Khare, A./ Mack, O./ Mildenberger (2010), S. 87.

8 Vgl. Ebersbach, A./ Glaser, M./ Heigl, R., Social Web, Konstanz 2008.

9 Vgl. hierzu ausführlich Ebersbach, A., Glaser, M./ Heigl, R., Social Web, Konstanz 2008.

kert. Dies ist diejenige Generation, die nach der Erfindung des Internets geboren wurde und damit mit dem Internet in seiner heutigen Form aufgewachsen sind oder die vor dieser Generation geborenen Personen, die sich kontinuierlich an die Verhaltensweisen dieser angepasst haben. Alle übrigen, die sogenannten „Digital Immigrants“, werden immer mehr von der Entwicklung neuer Technologien entkoppelt und können oder möchten nur selektiv mit den Veränderungen Schritt halten.[10] Digital Natives integrieren die Nutzung des Web vollständig in ihren Tagesablauf, unterstützen wichtige Bestandteile ihrer sozialen Interaktion in dieses Medium oder verlagern diese teilweise vollständig ins Web. Ausgehend von dieser Entwicklung sollen im Folgenden einige Trends aufgezeigt werden, die eine nächste Generation Web, eine Art Web 3.0, umreißen.

Ausgewählte Trends des Web 3.0

Überblick

Auch wenn die derzeitigen Entwicklungen im Web weiterhin äußerst vielschichtig und schnell erfolgen, lassen sich doch einige generelle Trends erkennen, die im folgenden als Web 3.0 zusammengefasst werden sollen:

- Eine zunehmende Sammlung, Verknüpfung und analytische Nutzung umfassender Daten verschiedenster Herkunft.
- Ein zunehmendes Zusammenwachsen von virtueller und realer Welt.
- Eine zunehmend mobile Nutzung des Web, jederzeit an jedem Ort, verbunden mit einer personen- und ortsgebundenen Personalisierung von Informationen.

Data, Information, „The Cloud" und die Bedeutung von Analytics und Semantics

Ein wesentlicher Sachverhalt seit der Entstehung des Webs ist die Verfügbarkeit immer größerer Datenbestände. Aufgrund der nachhaltigen Beständigkeit, des Fehlens eines „Verfallsdatums"[11], steigt das Volumen sinnvoller und weniger sinnvoller Daten einfacher Websites und sozialer Dienste kontinuierlich an. Aber auch immer mehr Behörden bieten sinnvolle statistische Datenbestände an, die bisher

10 Vgl. hierzu z.B. Don Tapscott, Grown Up Digital: How the Net Generation is Changing Your World, New York 2009.

11 So wird diese Idee heute lediglich diskutiert und ist von einer Umsetzung noch weit entfernt. Vgl. o.V., Forscher entwickeln digitalen Radiergummi, in: FTD online, 15.07.2010, http://www.ftd.de/wissen/technik/:datenverfallsdatum-forscher-entwickeln-digitalen-radiergummi/50144811.html, abgerufen: 01.09.2010.

einer Nutzung öffentlich nicht zugänglich waren.[12] So werden immer mehr Informationen in der „Cloud", der Wolke, wie das Internet in diesem Zusammenhang auch genannt wird, verfügbar. Drei Themen werden in diesem Zusammenhang in Zukunft an Bedeutung gewinnen:

Suche:
Suchfunktionalitäten spielen bereits seit 10 Jahren eine zentrale Funktion im Internet. Das „googlen" ist in den Alltagswortschatz eingegangen und die Suchalgorithmen heutiger Suchmaschinen haben bereits eine beeindruckende Qualität. Dennoch entwickelt sich die Suchtechnologie in mehrere Richtungen weiter, um in der immensen Datenvielfalt die richtigen und gewünschten Informationen einfach und schnell in der jeweiligen Situation bereitzustellen. Einerseits der Algorithmus selbst: Da die Suchalgorithmen vorrangig auf Relevanzkriterien, wie Popularität, Verlinkungshäufigkeit, etc. aufbauen, sind sie gegenüber kontextrelevanten Wortbedeutungen weitgehend blind. Erst sogenannte semantische Suchen, die über Zusatzinformationen, sogenannte Metadaten, die Daten näher beschreibt, können zwischen einer Bank und einer Bank unterscheiden, die eine in einem Park und zum Sitzen, die andere als Gebäude oder Institution, je nach Suchsituation.[13] Andererseits werden Suchfunktionen mit anderen Technologien verknüpft, um sie nutzerfreundlicher zu machen oder neue Anwendungsfelder zu erschließen. So bietet Google bereits seit längerem eine Suchfunktion für Mobiltelefone an, bei der Anfragen in natürlicher Sprache gesprochen werden können (Google Voice) und experimentiert bereits mit Fotos als Eingabe für Suchanfragen (Google Goggles).

Analyse und Experimente:
Mit zunehmenden Umfang automatisch generierter oder leicht online generierbaren Daten wird das Feld der Datenanalyse in verschiedensten Bereichen immer wichtiger. Mit fast vernachlässigbaren Kosten für Speicherplatz können immer größere Zeitreihen oder Echtzeitmitschnitte von Daten gespeichert und vorgehalten werden. Intelligente Systeme nutzen heute anstelle reiner regelbasierter und mathematischer Algorithmen immer öfter Mustererkennungen großer Datenbestände, um zu besseren Ergebnissen beispielsweise bei Suchanfragen oder

12 Z.B. die Open Government Data Initiative, wie U.K. www.data.gov.uk oder USA www.data.gov.

13 Vgl. Blumauer, A./ Pellegrini, T., Enterprise 2.0: Über die Rolle semantischer Technologien und interoperabler Metadaten, in: Pircher, R., Wissensmanagement, Wissenstransfer, Wissensnetzwerke, Erlangen 2010.

Sprachübersetzungen zu kommen. Ein weiterer wichtiger Anwendungsfall ist die Datenanalyse zum Zwecke der Marktforschung. In diesem Bereich können signifikante Einsparung im Vergleich zu traditionellen Vorgehensweisen wie Offline-Befragung oder Fokusgruppen erzielt werden. Oft genügt bereits die Beobachtung und Analyse des Nutzungsverhaltens, um entsprechende Schlüsse zu ziehen. Ein weiteres Feld, welches online immer mehr an Bedeutung gewinnt, ist das Experiment. So können neue Konzepte wie Webseitendesign, Online-Shops oder Werbung, Preise oder andere Merkmale mit einer bestimmen Anzahl von Nutzern getestet werden und die Ergebnisse direkt einer anderen Option gegenübergestellt werden. Ohne aufwendige separate Vortests können kontinuierliche Produkt- und Serviceverbesserungen entwickelt und umgesetzt werden. Verbesserungen können so anhand quantitativer Daten bewertet werden.

Verknüpfung und Mashups:
Ein weiterer Trend ermöglicht die immer schnellere Entwicklung immer neuer Konzepte aus bestehenden Diensten und Angeboten des Internet. Sogenannte API's (Application Programming Interface)[14], standardisierte Programmierschnittstellen, ermöglichen die Nutzung von Diensten Dritter in eigenen Anwendungen. So stehen einerseits API's zahlreicher populärer kostenloser Services oder Websites[15], wie z.B. Facebook oder Twitter zur Verfügung. Andererseits werden zahlreiche kostenpflichtige Basisdienste angeboten, die ebenfalls eine schnellere Entwicklung eigener Angebote ermöglichen.[16] Durch die Verknüpfung verschiedener Dienste entstehen so eigene Anwendungen wie in einer Art Collage, sogenannte „Mashups".[17] Doch nicht nur auf der Softwareseite und im „virtuellen Raum" sinken die Eintrittsbarrieren in neue Geschäftsbereiche. Auch auf der Hardwareseite und in der „realen Wirtschaftswelt" stehen zunehmend zahlreiche einfach kombinierbare Dienstleistungen zur Verfügung, die Unternehmensnetzwerke und virtuelle Unternehmen möglich machen.[18] Software kann auf gemieteten „virtuellen" Servern bereitgestellt werden, die eigene physische Infrastruktur

14 Vgl. Application Programming Interface, Wikipedia, http://en.wikipedia.org/wiki/Application_programming_interface, abgerufen: 01.09.2010.

15 Als einer der ersten Verlage bietet die New York Times eine eigene API zu ihren Angeboten: http://developer.nytimes.com/, abgerufen am 01.09.2010.

16 Beispiele: www.drop.io - Datenspeicherung und Konvertiertung; www.simplegeo.com - Locations Service, www.pandastream.com - Video Encoding Service, www.80legs.com - Web Crawling Service; www.twilio.com - Telefon Sprach- und SMS-Services.

17 Vgl. http://de.wikipedia.org/wiki/Mashup_(Internet), abgerufen am 01.09.2010.

18 Vgl. Mack, O., Konfiguration und Koordination von Unternehmungsnetzwerken, Wiesbaden 2003.

überflüssig machen[19] und weitere Logistik- , Lager- und Abrechnungsservices können leicht und schnell kombiniert werden. Damit ist in vielen Bereichen eine neue Art der Angebotserbringung für „jedermann“ möglich, die weder die Finanzierung großer Anfangsinvestitionen notwendig macht, noch die langen Vorlaufzeiten bis zum Marktauftritt hat, wie sie früher üblich waren.[20]

Zusammenwachsen der virtuellen und realen Welt

Ein weiterer Trend, wie er teilweise im vorherigen Abschnitt bereits angedeutet wurde, ist das zunehmende Zusammenwachsen von virtueller und realer Welt. Zwei Bereiche sollen hier herausgegriffen werden: RFDI/ Internet of Things sowie Augmented Reality.

RFID und Internet of Things:

Das „Internet of Things“, das „Internet der Dinge“, beschreibt einen Trend, der von der Idee getrieben wird, das klassische, rein auf immaterielle, digitale Inhalte beschränkte Internet stärker mit der realen Welt zu verknüpfen. Über Sensoren an realen Objekten sollen diese vernetzt mit dem Web oder miteinander über das Web interagieren können.[21] Hierbei sind zwei Dimensionen wichtig: Einerseits können Sensoren verschiedenste Eigenschaften und Zustände von Objekten, wie Position, Temperatur, Beschleunigung, Größe, Licht, Feuchtigkeit, etc., erfassen. Kern dieser Idee ist es, Daten der physischen Objekte der Analyse zugänglich zu machen, um hieraus wichtige Informationen und schließlich nützliche Erkenntnisse zu ziehen.[22] So können beispielsweise durch die Kombination verschiedenster Sensordaten, wie Position, Wetterlage, Richtung, etc., Verhaltensempfehlungen abgegeben oder Aktionen gestartet werden (automatische Heizungssteuerung, automatische Abfahrtszeitschätzung, etc.). Andererseits können reale Objekte identifiziert werden und mit weiteren Informationen angereichert werden. So können z.B. für identifizierte Lebensmittelprodukte Nährwerte oder Nutzerbewertungen auf einem Smartphone angezeigt oder Hintergrundinformationen zu einem bestimmten Designerstuhl gegeben werden.

19 Ein bekannter Dienst ist hier etwa S3 von Amazon für skalierbare virtuelle Serverarchitekturen zur Programm- und Datenspeicherung (www.amazon.com/de/s3/).

20 Vgl. hierzu auch: Günter Faltin, Kopf schlägt Kapital, 7. Aufl., München 2010.

21 Vgl. hierzu Fleisch, E./ Mattern, F. (Hrsg.), Das Internet der Dinge, Heidelberg 2005.

22 Siehe hierzu auch http://www.youtube.com/watch?v=sfEbMV295Kk, aufgerufen am 01.09.2010.

Eine wichtige Rolle spielt hierbei als Basistechnologie die RFID Technologie (Radio-Frequency Identification). Mit ihrer Hilfe wird es ermöglicht, über einen sogenannten RFID Tag, der an oder in einem Produkt oder Lebewesen angebracht oder eingepflanzt wird, dieses über Radiowellen berührungsfrei zu identifizieren oder zu verfolgen. Dabei können unterschiedlichste Daten übertragen werden.[23] Die Anwendungsfelder sind vielfältig und erstrecken sich von bargeldloser Zahlung von Kleinstbeträgen, wie Ubahn-Fahrten, durch in Handys eingebaute RFID Tags über Straßenmautsysteme bis hin zur automatischen auf Einzelstück fokussierten Supply Chain Verfolgung von Waren im Logistikbereich. Während große Chancen und Vorteile der Technologie gesehen werden, bestehen vor allem bei der RFID Technologie auch Bedenken hinsichtlich des Datenschutzes, da hiermit Personen oder Objekte auch ohne ihr Wissen identifiziert und lokalisiert werden können.[24]

Augmented Reality

Unter Augmented Reality wird die computergestützte Erweiterung der Realitätswahrnehmung verstanden.[25] Häufig fokussiert die Anwendung hierbei auf die Anreicherung der visuellen Darstellung um weitere Informationen. Vision ist es, wichtige Informationen direkt ins Sichtfeld des Anwenders zu projizieren und mit der realen Wahrnehmung zu verknüpfen. Hierbei wird, z.B. über ein Smartphone mit einer eingebauten Kamera und einem GPS-Sensor und Kompass die Position und Blickrichtung des Benutzers identifiziert und dann auf dem Display Zusatzinformationen zum sichtbaren Bild angezeigt. So können in Blickrichtung liegende Berggipfel beschriftet werden oder Zusatzinformationen zu wichtigen Gebäuden oder Landmarken aus dem Internet (z.B. aus Wikipedia) aufgerufen und dargestellt werden.[26]

Mobil und Location- based – anywhere, anytime, always on, always located

Bereits mehrfach bei anderen Trends indirekt angesprochen ist die zunehmende Bedeutung der mobilen Nutzung des Internets. 2009 nutzten bereits über 500

23 Vgl. hierzu und im folgenden: http://en.wikipedia.org/wiki/Radio-frequency_identification, abgerufen am 01.09.2010.

24 Vgl. hierzu http://de.wikipedia.org/wiki/RFID#Bedenken_und_Kritik, abgerufen am 01.09.2010.

25 Vgl. http://de.wikipedia.org/wiki/Augmented_reality, abgerufen am 01.09.2010.

26 Vgl. hierzu bspw. die Software der Firma Mobilizy aus Salzburg. Das Produkt Wikitude stellt dabei z.B. Informationen aus Wikipedia oder anderen Quellen dar, die Software Wikitude Drive verknüpft ein Navigationssystem mit dem Bild der realen Straße. Vgl. www.wikitude.org, abgerufen am 01.10.2010.

Mio. Menschen weltweit das Internet über mobile Geräte. Diese Anzahl wird sich bis 2015 verdoppeln.[27] Das Internet wird damit überall und zu jeder Zeit sofort verfügbar. Dies ermöglicht einerseits den Zugriff auf alle verfügbaren Informationen im Stile des Web 1.0, fördert aber auch die Nachfrage neuer, spezifischer, auf mobile Bedürfnisse zielender Services. Hier sollen zwei Trends herausgegriffen werden:

Location- Based Services
Hierunter werden Dienste verstanden, die die geographische Position des Nutzers berücksichtigen und in das jeweilige Angebot mit einbeziehen. Dies wird möglich, da in den meisten Smartphones bereits heute ein GPS zur Positionsbestimmung enthalten ist. Location Based Services beantworten im Kern Fragen wie „Wo bin ich?", „Was ist in der Nähe?" oder „Wie komme ich zu ...?".[28] Diese Lokalisierung ermöglicht viele neue Dienste, wie beispielsweise eine lokale Suche von Sehenswürdigkeiten, dem nächsten Restaurant oder der nächsten Arztpraxis, etc.[29] Neben Information oder Navigation zeichnen sich bereits komplexere oder innovativere Anwendungen ab. Dabei sind Spiele, die reale mit virtueller Welt verbinden[30] ebenso denkbar wie ortsbezogene Werbung.

Social Network Services
Ein weiterer Trend, der nicht erst durch die mobile Nutzugn entsteht, aber durch diese weitere Verbreitung und auch Anwendungsfelder erfährt, sind soziale Netzwerke. Bereits im Rahmen der Charakterisierung von Web 2.0 besprochen, können Soziale Netzwerke genutzt werden, um mit anderen Personen Informationen auszutauschen und in Kontakt zu bleiben. In Kombination mit mobilen Elementen können so Ortsinformationen berücksichtigt werden, Freunde können den eigenen Aufenthaltsort sehen oder Meinungen können mit Ortsinformationen verknüpft werden.[31] Interessante Anwendungen mit Sammel- und Spiel-

27 Vgl. http://mobithinking.com/mobile-marketing-tools/latest-mobile-stats#mobile-internet-access, abgerufen am 01.09.2010.

28 Vgl. Steininger, S./ Neun, M./ Edwardes, A., Foundation of Location Based Services, http://heanet.dl.sourceforge.net/project/jump-pilot/w_other_freegis_documents/articles/lbs_lecturenotes_steinigeretal2006.pdf, abgerufen am 01.09.2010.

29 Bekannte Dienste sind www.yelp.com (amerikanischen Ursprungs) und www.qype.de (deutschen Ursprungs).

30 Z.B. das Golfspiel „Gigaputt", bei dem ein virtueller Ball durch die Stadt gespielt wird. Vgl. http://www.giganticmechanic.com/, aufgerufen am 1.10.2010.

31 Obwohl diese mobilen Anwendungen noch in den Kinderschuhen stecken, zeichnen sich derzeit als interessante Anwendungen ab: www.Gowalla.com oder www.Foursquare.com.

charakter ermöglichen in diesem Bereich neue Werbe- und Promotionformen.

Einschätzungen über Auswirkungen

Die dargestellten Trends können sicherlich kein vollständiges Bild der Entwicklungen zeichnen. Dennoch helfen sie, erste Einschätzungen über die Auswirkungen dieser Technologien auf verschiedenste Lebensbereiche zu geben. Dies wird im Folgenden thesenhaft für verschiedene Bereiche versucht: die Auswirkungen auf den Bildungsbereich und die Arbeitswelt sowie Auswirkungen auf das soziale Zusammenleben im Familien- und Freundeskreis und die eigene Identität.

Auswirkungen auf Bildung, Ausbildung und Berufswelt

Von der Lehrer-gesteuerten zur Lernenden-gesteuerten Bildung

Mit zunehmender Durchdringung der Gesellschaft durch die Generation der Digital Natives und dem damit verbundenen veränderten Medienkonsum zeigen sich signifikante Veränderungen auch im Bereich der Bildung und Ausbildung. In einem traditionellen Ausbildungsmodell findet vor allem eine einseitig gerichtete Wissensvermittlung vom Lehrenden zum Lernenden statt. Mit zunehmender Vielfalt jederzeitig verfügbarer Informationen sowie auch Lernangebote über das Internet verändert sich das Verhältnis eher hin zu einer Art Co-Produktion von Wissen im Lernprozess. Reine einseitige Wissensvermittlung wird zunehmend über nicht-persönliche multimediale Kanäle stattfinden. Die direkte Interaktion mit dem Lehrer führt wieder zum kritischen Diskurs zwischen Lehrenden und Lernenden und Aristotelische Dialektik kann wieder über anderweitig erfahrbares Wissen an Bedeutung gewinnen. Bill Gates' Statement im Rahmen der Techonomy Conference 2010, dass in 5 Jahren im Internet die besten Vorlesungen der Welt umsonst verfügbar sein werden, fasst dies prägnant und einfach in einem Satz zusammen. Dieses verteilte Wissen, so Bill Gates, wird besser als jede einzelne Universität der Welt sein.[32] Lernende nehmen somit wieder eine aktivere Rolle ein. Lernen wird zukünftig ebenso vollständig zeit- und ortsabhängig, und Lernaktivitäten werden deutlich transparenter sein.[33] Je mehr Informationen immer einfacher verfügbar sind, desto mehr tritt die Verknüpfung der Informationen im Lernprozess in den Vordergrund. Die traditionellen Lehrinstitutionen wie Schulen und Universitäten sind hier oft unzureichend vorbereitet und hinken der schnellen technologisch fortschreitenden Entwicklung in Rahmengesetzgebung

32 Vgl. http://techcrunch.com/2010/08/06/bill-gates-education/, abgerufen am 01.09.2010.

33 Vgl. Vortrag Prof. Udo Mildenberger, Web 2.0/3.0 im Hochschulbereich – Hintergründe, Erwartungen, Herausforderungen, Umsetzungschancen, GLOBArt Academy 2010.

und Verwaltungsvorschriften oft hinterher. Verwaltungen sind daher zunehmend gefordert, schnellstmöglich Rahmenbedingungen zu schaffen, um Schulen und Hochschulen dieser neuen Situation ausreichend anzupassen. Neben diesen Rahmenbedingungen sind für die Generation der Digital Natives zunehmend neue und andere Kompetenzen bei Lehrenden gefragt, deren Aufbau es systematisch zu unterstützen gilt.

Eine neue Arbeitswelt – ein Risiko der Großkonzerne

Gleiches gilt im Bereich der Berufswelt, die sich erst in einem Anfangsstadium signifikanter struktureller Veränderung befindet. Es entsteht ein zunehmendes Spannungsfeld aus den Unterschieden zwischen Berufs- und Alltagswelt. Auf der einen Seite die traditionellen Merkmale bürokratischer Organisationen wie hierarchische Machtstruktur, enge Regeln, klare Prozesse, beschränkte Information und politische Interaktion, die mit zunehmender Organisationsgröße noch immer das klassische Unternehmensbild prägen. Auf der anderen Seite das nichtberufliche Umfeld, welches nicht zuletzt durch die neuen Web 2.0 Technologien, vom sozialisierten Verhalten der Kooperation und Vernetzung geprägt ist. Hierarchielose Netzwerke, freier Informationsfluss, hohe Datentransparenz und die sachliche Bewertung individueller Leistung stellen insbesondere Großunternehmen vor entsprechende Herausforderungen, auf die viele Unternehmen noch unzureichend vorbereitet sind. Diese Situation wird sich durch den Eintritt einer zunehmenden Zahl von Digital Natives in die Berufswelt zusätzlich zuspitzen. Neben dem Top-Management kommt hier insbesondere zwei Bereichen eine entscheidende Rolle zu: IT Abteilungen müssen sich durch die zunehmende Emanzipation der Nutzer von einer unantastbaren Expertenrolle verabschieden und eine stärker kundenorientierte Perspektive einnehmen. Wenn beispielsweise zu restriktive Governance und Filtersoftware persönliche eMail-Konten oder Social Network Websites blockieren oder eine schlechtere Hardwareausstattung als im Privatbereich bereitgestellt wird, kann eine IT zum Risiko werden, die besten Talente nur unzureichend gewinnen und an das Unternehmen binden zu können. Als zweiter Bereich werden auch HR Abteilungen gefordert sein, hier Stellung zu beziehen und eine starke Rolle im Transformationsprozess zu spielen.[34]

34 Für weitere Details zu Eigenschaften der Digital Natives in diesem Zusammenhang vgl. auch Don Tapscott, Grown Up Digital: How the Net Generation is Changing Your World, New York 2009.

Auswirkungen auf das gesellschaftliche Zusammenleben, Familien und „Freundes"kreise und die eigene Identität

Neben der Berufs- und Bildungswelt, in der größere Umbrüche noch bevorstehen, ist im privaten Alltag vieler Menschen die Veränderung durch das Web bereits weiter fortgeschritten. Im Folgenden sollen exemplarisch ausgewählte Aspekte auf verschiedenen Betrachtungsebenen angerissen werden:

Die Ebene des Individuums: Eine Identität, mehrere Identitäten – offline und online

Das Web ermöglicht es einer Einzelperson, mehrere Identitäten zu realisieren. So kann die Identität einer Person im realen Leben von der im Web abweichen. In beiden Fällen gestaltet sich diese einerseits durch Fremdwahrnehmung und Fremdbeschreibung der eigenen Person durch Dritte, wie auch durch das eigene Verhalten. Beide Identitäten können jedoch, gewollt oder ungewollt, signifikant voneinander abweichen. Eine bewusste und systematische Gestaltung der eigenen Identität ist dabei im Gegensatz zum realen Leben im Web deutlich einfacher. Dies verlangt von der Einzelperson jedoch, eine proaktive Rolle einzunehmen, indem über gezielte Einträge in soziale Netzwerke, auf Webseiten, in Form aktiver Bereitstellung spezifischer Kommentare und Inhalte, über eine eigene Website, etc. ein gewünschtes Bild der eigenen Person gezeichnet wird, welches sich von der Realität unterscheiden kann oder nur bestimmte Facetten und Schwerpunkte hervorhebt. Eine Steigerung ist die Nutzung mehrerer Online Identitäten. Dies ist möglich, da es im Web Tradition und Akzeptanz hat, auch mit Pseudonymen oder Fantasienamen zu arbeiten. Durch die zunehmende Transparenz durch Suchmaschinen und Datenverknüpfungen wird es jedoch immer schwieriger, verschiedene Profile und Identitäten systematisch aufrecht zu erhalten und konsistent zu pflegen. Gerade weil im Web Privatperson und die Person des öffentlichen Lebens zunehmender Pflege sozialer Netzwerke online bedürfen, kann dies zu einem gegenteiligen Effekt führen. Langfristig kann so die Authentizität des Einzelnen im Web sogar steigen.

Die Ebene der Familie: Rückbesinnung zur Familienkultur

Auch auf der Ebene der Familie können die neuen Technologien einen nachhaltigen Einfluss im Tagesablauf aber auch über ganze Lebensphasen hinweg ausüben. War noch vor einigen Jahren der Familienverbund durch Beruf, Schule und Haushalt im Tagesablauf in signifikanten Zeitfenstern voneinander getrennt, so ermöglichen mobile Endgeräte mit verschiedensten Webservices jederzeit trotz unterschiedlicher Aktivitäten und Aufenthaltsorte auf verschiedenste Arten in Kontakt zu bleiben und zu kommunizieren. Zwischen Eltern und Kindern wird so Sicherheit erzeugt, zwischen Partnern stärkere Nähe. Ist der Familienverbund physisch an einem Ort, können die Medien das Gegenteil bewirken. Ablenkung und Weiterbeschäftigung mit den neuen Medien kann hier die Zeit der direkten gemeinsamen Kommunikation kannibalisieren. Über verschiedene Lebensphasen hinweg können diese Möglichkeiten der Interaktion integrierend wirken und zumindest virtuelle Nähe schaffen. Durch zunehmende Mobilität und Globalisierung sind Familienverbände regional oder global zersplittert - sei es zum Studium, aus Gründen des Arbeitsplatzes oder der Wahl des Altersruhesitzes. Mit wenig Zusatzaufwand können Familienmitglieder durch soziale Online-Netzwerke über Aktivitäten und Stimmungslagen auf dem Laufenden gehalten werden. Videotelefonie über das Internet zu keinen oder sehr geringen Kosten schafft eine gefühlte Nähe im Familienverbund, die so vor einigen Jahren nur schwer möglich war. Einzelne Familienmitglieder können zumindest virtuell wieder enger zusammenrücken und eine breitere Rückbesinnung zur „Familienkultur" wäre die Folge - eine intensivere und unmittelbare Kommunikation im Familienverbund.

Die Ebene des Freundes- und Bekanntenkreises:
Veränderter Freundesbegriff und größere Netzwerke

Ähnlich wie im Familienverbund können auch im Freundeskreis die Art, Intensität und Häufigkeit der Kommunikation sowie weiterentwickelte Möglichkeiten der Pflege des sozialen Netzwerks als Treiber der Veränderung gesehen werden. Dabei verändert sich zunächst der Begriff „Freund". Wurde traditionell eher sparsam mit dieser Bezeichnung umgegangen, so werden z.B. im derzeit größten sozialen Netzwerk „facebook" alle vernetzten Personen als Freunde bezeichnet.[35] Dies unterstreicht einerseits, fördert aber auch eigenständig andererseits die Möglichkeit, ein größeres Netzwerk an sozialen Kontakten nun einfacher und intensiver pflegen zu können. So kann mit durchschnittlich mehr Personen als über konventionelle Wege eine entsprechende Bindung im sozialen Netzwerk aufgebaut und gehalten werden. Diese intensivierte Möglichkeit der Kontaktpflege ist von scheinbar enger virtueller, aber zumindest loser reeller Natur.[36] Neben diesem eher generellen Aspekt ist ein zweiter Aspekt zu unterscheiden: Über seinen globalen Charakter und seine ausgefeilten Suchmöglichkeiten ermöglichtes es das Web, weltweit Personen mit ähnlichen Interessen wie den eigenen zu finden und mit diesen in Kontakt zu treten, seien es noch so exotische Themen. Dies ermöglicht

35 www.facebook.com

36 Dies ermöglicht eine verbesserte Nutzung so genannter „weak ties" in einem sozialen Netzwerk. Diese sind zumindest ebenso bedeutend wie sehr enge und direkte Kontakte eines Individuums. Vgl. hierzu bereits 1973: Granovetter, M., The Strength of Weak Ties, American Journal of Sociology, Vol. 78, Issue 6, May 1973, pp. 1360-1380.

es, das eigene soziale Netzwerk in verschiedene Facetten aufzufächern und diese entsprechend zu pflegen.

Anstatt eines Ausblicks

Die bisherigen Ausführungen haben versucht, eine Momentaufnahme der derzeitigen Entwicklungen des Web in Form verschiedener Trends, die als Web 3.0 bezeichnet wurden, aufzuzeigen. Dabei wurden diese in Entstehungsgeschichte des Internet eingebettet und mögliche Auswirkungen in verschiedenen Lebensbereichen skizziert. Ein Ende der rasanten Entwicklung des Webs, getrieben durch eine immer weiter fortschreitende Kombination bestehender oder Entwicklung neuer Technologien, ist derzeit nicht absehbar. Was heute noch neueste Erkenntnis ist, kann morgen bereits überholt oder veraltet sein. Noch schwieriger ist es, die wirtschaftlichen und gesellschaftlichen und sozialen Auswirkungen dieser Technologien in ihrer Gänze abzusehen. Nur die stetige Veränderungsbereitschaft und der Veränderungswille eines jeden Einzelnen auf allen Ebenen des gesellschaftlichen Lebens und Wirkens kann damit die Antwort darstellen. Nicht nur die Anpassung an die veränderte Situation, sondern die proaktive Gestaltung muss dazu beitragen, neue Technologien zum Wohle möglichst vieler einzusetzen.

Das Podium des Workshops bestand aus:

Alexander Gross, Entrepreneur, Musiker und Programmierer
Andreas Blumauer, Mitbegründer Semantic Web Company
Alexandra Fee Beyer, Deutsche Telekom
Philipp Breuss, Entrepreneur und Gründer der mobilizy GmbH
Udo Mildenberger, Dekan der FH für Medien Stuttgart

Workshop V

Social Entrepreneurs – oder wer als einziger den Stau bei Sozialreformen beheben kann

Michael Fembek

Innovationen sind der Treibstoff der Wirtschaft, spätestens seit die Industrielle Revolution im 18. Jahrhundert in England mit der Entwicklung der Dampfmaschine und mit effizienteren Textilmaschinen begann.

Innovationen sind zentrale Bauteile der größten Motoren der Wirtschaft – der Marktwirtschaft als dem einen großen Motor, in der es Unternehmern nur mit laufenden Verbesserungen gelingt, konkurrenzfähig zu sein – nicht nur mit innovativen Produkten, die eine höhere Wertschöpfung bringen, sondern auch mit verbesserten und kostensparenden Abläufen. Und auch mit dem Turbo der Marktwirtschaft, dem Kapitalismus, ist es nicht anders. Denn Kapital wird dorthin kanalisiert, wo höhere Renditen zu erwarten sind. Innovationen sowie deren Absicherung durch Lizenzen, Patente, usw. sind in den meisten Branchen das, was die höchsten Renditen bringt. Pharmazie, IT, Medien, Maschinenbau, Metallurgie oder generell der Handel, alle diese Branchen leben von laufender Innovation.

Im sozialen Sektor ist das ganz anders, denn hier werden die Motoren ohne eingebaute Innovationskraft gebaut. Das wollen die Financiers so, und die sind andere als in der Marktwirtschaft: Private Spender, als die eine Art von Financiers, geben am liebsten größeren Organisationen mit gutem Namen ihr Geld, die möglichst schlank und frei von Verwaltungskosten ihr Geld seiner Bestimmung zukommen lassen. Die öffentliche Hand ist die zweite Art von Financier im sozialen Sektor, und die noch größere Finanzquelle. Politiker und Beamte – als Entscheider darüber, verwalten Steuergelder, und auch sie finanzieren am liebsten die bestehenden Systeme. Jede Änderung muss ja einem Wähler erst einmal „verkauft“ werden. Was beide – aus unterschiedlichen Gründen – scheuen, sind neue und revolutionäre Ideen. Neue und unbekannte Organisationen, die behaupten, etwas besser zu machen als alle anderen. Und damit werden auch Innovationen im sozialen Sektor nicht finanziert, denn Innovation bedeutet immer auch Risiko: Die meisten innovativen Ideen scheitern, denn das liegt in der Natur der Sache. Die besten Venture Capital Fonds der Welt in Silicon Valley müssen zusehen, dass vier von fünf Projekten nicht zum erhofften Erfolg führen. Aber die fünfte Idee heißt dann vielleicht Google oder Facebook, und das belohnt die Investoren vielfach für das übernommene Risiko und die anderen Ausfälle.

Den bestehenden Sozialorganisationen ist dazu kein Vorwurf zu machen, denn sie setzen ihre Aufgaben um, und das bestmöglich im Sinn ihrer Financiers. Soziale Innovationen passieren dort aber fast immer nur durch persönliches Engagement von einzelnen Mitarbeitern: Fleißaufgabe, nicht Job-Description.

Kleine und neue NGOs haben aus den genannten Gründen keinen Zugang zu stetig fließenden Finanzmitteln, es gibt bislang kein soziales Risikokapital. Soziale Innovationen werden deswegen nur unter größten Schwierigkeiten – und oft gegen den Widerstand beharrender Kräfte – umgesetzt. „Die Schwierigkeit ist nicht, neue Ideen zu finden, sondern den alten zu entkommen“, ist ein besonders zutreffendes Zitat von John Maynard Keynes.

In einer Welt, in der die Qualität von Produkten und Dienstleistungen nicht über Preise und Absatzmengen gemessen werden kann, ist es umso schwerer, die Konsumenten von der besseren Qualität oder effizienteren Arbeitsweise eines neuen Angebotes zu überzeugen. Fast jedes bestehende Angebot findet in dieser Welt ja sowieso seine Nachfrage. Steht im Krankenhaus ein Bett, findet sich auch der Patient, den man hineinlegt.

Es gibt keinen Anbieter im Gesundheitssystem wie in allen anderen Sozialsystemen, der daran arbeitet, dieses System so radikal zu verändern, wie das das IPhone mit dem Handy gemacht hat, und womit nun die Smartphones die erst 20 Jahre alte Technologie der Mobilfunker schon wieder ablösen.

Wer soziale Innovatoren durchsetzt, muss deswegen ein Unternehmer sein. Noch dazu ein guter Unternehmer, der eine Reihe von mehr Problemen zu überwinden hat als ein Business-Unternehmer. Etwa, dass er nie eine ausreichende finanzielle Ausstattung haben wird, oder, dass es besonders schwierig ist, gute Mitarbeiter zu finden, bei den niedrigen Gehaltsniveaus und dem niedrigen Image, den es hat, für eine unbekannte Sozialorganisation zu arbeiten, anstatt für eine heiße neue Internet-Plattform.

Deswegen sind Social Entrepreneurs Mangelware, und deswegen brauchen alle etablierten Sozialstaaten folgenden Typus Mensch am dringendsten: Unternehmerisch denkende Menschen, die soziale Probleme auf neue und innovative Weise lösen wollen, und sich durch nichts und niemanden abhalten lassen. Die Sozialstaaten werden ihre Ausgaben für das Sozialwesen nicht mehr steigern, angesichts akuter Finanznöte ist ja wohl eher vom Gegenteil auszugehen.

Nur mit Innovationen kann die Leistungskraft von Sozialstaaten ausgebaut werden.

Dies wurde auch im Workshop „Social Entrepreneurship“ deutlich. Gerhard Steiner, Mitbegründer der „SOMA Sozialmärkte“, ist im Hauptberuf Geschäftsführer eines Baustoffhandelsunternehmens, und er startete die Initiative mit einer Handvoll von Freunden und Kontakten aus der Geschäftswelt. Mittlerweile ist daraus ein Netz von mehr als 40 Sozialmärkten geworden, und sie leisten einen unschätzbaren Beitrag zur Versorgung sozial schwacher Menschen in Österreich, mittlerweile auch in anderen Ländern, wie zum Beispiel Rumänien.

Social Entrepreneurs müssen deswegen dringend gefunden und unterstützt und deren Innovationskraft genutzt werden. Das ist heute die effizienteste Methode, sozial zu handeln. Die Initiative muss von der Zivilgesellschaft ausgehen.

Felix Oldenburg, Geschäftsführer von Ashoka Deutschland, repräsentiert das größte Netzwerk von Social Entrepreneurs der Welt, mit rund 3.000 Ashoka Fellows. Sie haben innovative Lösungen für fast genauso viele soziale und ökologische Probleme – ein Potenzial, das auch für Sozialstaaten wie Österreich erst zu erschließen ist.

Workshop VI
Im Fokus: Gute Nachrichten!
Wir sind reich an Möglichkeiten

Michaela Bauer

„Man hilft den Menschen nicht,
wenn man für sie tut, was sie selbst tun können.“
(Abraham Lincoln)

Im Zuge des Fokus Calls fanden sich rund 40 Teilnehmer unter der Moderation von Michaela Bauer (fokusopen Berlin) in Pernegg zusammen, um gemeinsam Vorzeigeprojekte zum Thema „Talente dürfen nicht im Verborgenen bleiben. Wer tut, was ihn erfüllt, wird immer besser, zufrieden und erfolgreich.“ auf den Prüfstand zu stellen. Es galt im gemeinsamen Welt-Café neue Rezepte zu entwickeln, um die die sogenannten „Talente von heute“ volkswirtschaftlich zu nutzen und für die Teilnehmer selbst „erfahrbar“ zu machen.

GLOBArt hatte aus diesem Anlass Unternehmer und Initiatoren unterschiedlicher Fachbereiche eingeladen, um über ihre Erfahrungen zu sprechen. Es sollten nicht nur die optimalen bzw. vorbildlichen Methoden, Praktiken oder Vorgehensweisen dieser Unternehmen im Vordergrund stehen, mit denen sie ihre unterschiedlichen Zielgruppen bedienen und unterstützen, sondern auch Platz eingeräumt werden, um neue Kooperationsgedanken und Ansätze der Gestaltung greifbar zu machen, damit künftig auch nachhaltig eine wirtschaftliche Eigenständigkeit jedes Einzelnen ermöglicht wird.

Ihr Schrott beschäftigt uns...
... und wer beschäftigt UNS? Silvia Schweiger (stellv. Projektleiterin, Demontage- und Recycling-Zentrum D.R.Z.) stellte das Unternehmen D.R.Z. vor und vermittelte den Teilnehmern, in welcher Weise aus Resten unserer Gesellschaft neues Design liebevoll und in Handarbeit von Langzeitarbeitslosen in ihrem Werk entwickelt wird. Erstaunlich war dabei der perfekte Ablauf von Entwicklung, Produktion und Vertrieb der individuellen Produkte wie zum Beispiel Schmuck, Rednerpulte aus alten Waschmaschinentrommeln oder auch Möbelstücke wie Tische und Hocker.

Im Mittelpunkt der Arbeit steht die Reintegration, Qualifizierung und Vermittlung von Langzeitbeschäftigungslosen und Menschen mit Behinderungen. Leider ist an diesem Projekt auch die Wirtschaftskrise nicht spurlos vorübergegangen, und so stellt die Wiedereingliederung der Langzeitarbeitslosen eine große Herausforderung dar.

Doch eines steht fest: Mit rund 50 Produkten spiegelt sich die Ideenvielfalt der Teilnehmer an diesem Programm wider. Aber nur jene Produkte „leben" solange der Ideengeber mit seinem einzigartigen Talent und seiner Begabung auch vor Ort ist. So fungiert dass D.R.Z. dann erneut als Arbeitgeber, womit sich der gesellschaftliche Arbeitskreislauf schließt.

Produktvielfalt durch Talentförderung– ein vielversprechendes Konzept.
www.drz-wien.at

Die 3. Lebensphase ist voller Chancen...

... und nicht die letzte. Leopold Stieger – Gründer der Plattform Seniors4success – vermittelte eindrucksstark, wie Menschen knapp vor und lange nach der Pensionierung ihr Leben gestalten und ihre Potenziale nutzen.

> *„Es ist nicht selten der Fall, dass Menschen, die ihr Leben lang geplant haben, genaue diese Lebensphase sehr lange außer Acht lassen und dann mit dem Tag der Pension überfordert sind. Ich möchte daher alle ansprechen und ermuntern, bereits zwei Jahre vor diesem Schritt sich mit Bildern auszustatten, die Ihnen Klarheit verschaffen, wie Sie diese Lebensphase durchschnittlich ab 58 Jahren (Österreich) gestalten wollen. So besteht heute mehr denn je die Möglichkeit, gerade in dieser Phase Talente ans Tageslicht zu bringen, die man sich über die Jahre angeeignet hat, oder auch „ruhende Talente" sichtbar zu machen, um daraus eine neue Vision zu entwickeln und zu leben", so Leopold Stieger.*

www.Seniors4success.at

Jeder Mensch hat Fähigkeiten …

… und kann sie auch nutzen. Diesen Ansatz brachte Reinhard Winter, Leiter der Wirtschaftskammer Niederösterreich, Abteilung Bildung – Lehrlingsstelle in den Workshop mit ein und zeigte anhand einzelner Beispiele wie sein Team jährlich für rund 20.000 Jugendliche alleine in Niederösterreich Ansprechpartner ist und sie dabei unterstützt, nicht nur ihre Talente zu erkennen und gezielt im Zuge einer Berufswahl mit einzubringen, sondern auch Orientierung in ihrem Leben zu gewinnen.

So erlebt er oft, dass manche Menschen, und leider oftmals junge, es schwer haben, sich in dieser Gemeinschaft zurecht zu finden, wie das folgende Beispiel aus einem Posting im Internet deutlich zeigt:

„...Ich weiß nicht, wie ich Fähigkeiten bei mir entdecken kann ..zum Beispiel habe ich kein Ziel vor Augen und weiß nicht, was ich werden möchte ...außerdem hab ich keine Ahnung worin meine Stärken und Schwächen sind ..., aber dennoch wäre ich euch bei jeder Antwort dankbar :-)"[Zitat: Posting Yahoo]

„Eine Vielzahl von Einrichtungen und Institutionen gibt es bereits, die sich genau dieser Zielgruppe widmen, auch Internetforen bieten Unterstützung, doch aus meiner Sicht der Dinge ist es wichtig, selbst als Brückenbauer zu fungieren – und vergessen wir nicht dabei, es ist auch unsere Zukunft.", so Reinhard Winter.

http://portal.wko.at/wk/startseite_dst.wk?AngID=1&DstID=982

Ja, wir können unsere Arbeit anders gestalten.

Unter diesem Fokus erläuterte Manfred Füllsack den von ihm entwickelten „Job Sharing Doodle" – ein Internet- und Smartphone-basiertes Koordinationsinstrument, das eine arbeitnehmerseitig organisierte Umverteilung bestehender Erwerbsarbeits- und Einkommensmöglichkeiten erlauben soll.

Gegenüber herkömmlichen Arbeitsmodellen besteht hier die Möglichkeit, eine neue Form der „sozialen Sicherheit" in Form eines bottom-up organisierten Nicht- Arbeits- oder Grundeinkommens für die Erwerbstätigen zu ermöglichen.

So verteilt das Doodle eine arbeitgeberseitig verfügbare Lohnsumme mit minimalem administrativem Aufwand auf eine Personengruppe, die aus mehr Personen besteht als unter herkömmlichen Bedingungen mit dieser Summe entlohnt würde. Die einzelnen Personen entscheiden selbst über ihr tagesaktuelles Erwerbsarbeitspensum sowie optionale Auszeiten von der Arbeit. Darüber hinaus werden keine zusätzlichen finanziellen Mittel und keine zusätzlichen administrativen oder organisatorischen Instanzen benötigt werden.

Arbeitgeberseitig lässt sich erwarten, dass die damit verbundene Flexibilisierung der Beschäftigungsverhältnisse der Motivation der Arbeitenden zugute kommt. Dies ist eine These, die im Diskussionsforum großen Anklang gefunden hat.

http://univie.ac.at/manfred.fuellsack/jsd/

Basierend auf diesen Projektvorstellungen entwickelten sich zwei zentrale Fragestellungen, die den zweiten Teil des Workshops dominierten und für rege Impulse aller Beteiligten sorgten:

1) Nachhaltige Nutzung von Talenten

Das schließt auch die finanzielle Nutzbarkeit für den Einzelnen ein, der aktuell seine Talente nur temporär oder oftmals nur in seiner Freizeit einbringen kann.

2) ***Umgang mit dem Arbeits- bzw. Tätigkeitsbegriff***
„Was ist wertvolle Arbeit?" sowie die Fragestellung „Was ist Wert?" und „Wie geht die Gesellschaft mit ‚wertvoller Arbeit' im Sinne der Wertschätzung um"? Und woher wissen wir, was schon morgen wertvolle Arbeit ist, bzw. glauben zu wissen, dass etwas wertvoll ist, was morgen schon nicht mehr wertvoll sein könnte?

Ganz nach Paul Claudel „Nichts kann den Menschen mehr stärken
als das Vertrauen, das man ihm entgegenbringt", bleibt zu hoffen, dass künftig verstärkt im Sinne des „Empowerments" die Selbstbefähigung und Selbstbemächtigung des Einzelnen in den Vordergrund gestellt wird.

Auch der Wunsch nach Mentorenprogrammen und einer verstärkten Zusammenarbeit von Unternehmen und Talenten spiegelte die aktuell unruhige Situation des Arbeitsmarktes wider.

Workshop VII
Im Fokus: Cradle to Cradle

Reinhold Christian

Rund 50 Teilnehmerinnen und Teilnehmer konnte Moderator Reinhold Christian bei diesem Workshop der GLOBArt Academy 2010 begrüßen, was das ganz besondere Interesse an der vom Festvortragenden des Eröffnungsabends, Michael Braungart, propagierten Idee eindrucksvoll aufzeigt.

Als revolutionäres Konzept funktioniert „Cradle to Cradle" durch (nahezu) 100%ige Rückgewinnung aller Inhaltsstoffe eines Produktes, anstatt diese als Abfall zu deponieren. Produkte und Materialien können als „technische oder biologische Nährstoffe" in Kreisläufen zirkulieren.

Auch Skeptiker räumen ein, dass eine abfall- und emissionsfreie Kreislaufwirtschaft durchaus anzustreben sei. Als – allerdings unerreichbares – Fernziel könne das ein ausgezeichneter Wegweiser für Wirtschaft und Lebensstil sein.

Im Workshop ging es darum zu zeigen, wie weit eine solche Annäherung an das Fernziel bereits gelungen ist. GLOBArt hatte dazu Exponenten ganz unterschiedlicher Produkte und Verfahren eingeladen, die mit ihren Produktionen in ganz unterschiedlichen Stadien der Umsetzung ihrer c2c-Ideen stehen:

Textilien
Reinhard Backhausen – geschäftsführender Gesellschafter Backhausen Textilien (Möbel- und Vorhangstoffe) konnte stolz berichten, bereits sein gesamtes Unternehmen auf Cradle to Cradle umgestellt zu haben: Entlang der gesamten Prozesskette der Produktion kämen keine umweltbedenklichen Substanzen zum Einsatz, kein Abfall entstünde, der nicht rezykliert würde und ein weltweites Rückgabe- bzw. Rücknahmesystem sei im Aufbau: Ein E-Mail an service@returnity.at genüge, um die Rückholung weltweit zu veranlassen.
Kompetent, kritisch aber konstruktiv ging das Publikum mit. Auf die Frage nach dem Einsatz toxikologisch bedenklicher Substanzen erläuterte Backhausen souverän die Suche nach unbedenklichen Farbstoffen, die relativ rasch zum Erfolg führte. Die Umstellung des gesamten Betriebes in überaus kurzer Zeit erklärte er durch die Möglichkeit, „die Chemie" in einem Zug umzustellen, wodurch es keine weiteren Probleme gegeben habe. Die Frage der Betrachtung der Transporte

konnte dagegen noch nicht abschließend beantwortet werden. Das Recyclingnetzwerk ist schließlich erst im Aufbau, wird allerdings auch „erst in drei bis fünf Jahren" erstmals erforderlich werden.

Natürliche „Kunst"-Stoffe

Johann Zimmermann war mit einem Musterkoffer von Verpackungsmaterialien (Sackerl, Getränkegebinde, ...) bis hin zu Dübeln aus „Na-Ku" angereist. Das Spannungsfeld, wie es im Firmentitel zum Ausdruck kommt, soll durchaus Bewusstsein wecken, zum Nachdenken anregen. Neben der technischen Darstellung der Produktionsweisen ging Zimmermann auf Probleme (z.B. der Marktdurchdringung) und Vorzüge (Zusatznutzen Frischhaltung) ein. Offenbar reicht derzeit die Zahlungsbereitschaft der Kunden für ökologisch unbedenkliche Produkte mit Zusatznutzen in diesem Bereich (noch) nicht für eine Marktdurchdringung aus. Die kritische Frage nach der Konkurrenz zur Lebensmittelproduktion wurde vom Präsentator mit dem Hinweis auf das derzeit sehr geringe Volumen beantwortet.

No toilet – no dignity

Laut Noa Lerner haben weltweit rund 2,6 Milliarden Menschen keinen Zugang zu sanitären Einrichtungen – ein Problem von enormer sozialer Bedeutung. Noa Lerner konzipierte eine Toilette, deren unterer Teil zum Transport der Fäkalien zu einer öffentlichen Toilette verwendet werden kann. In einer Biogasanlage wird Energie gewonnen und Elektrizität kann rückgeliefert werden. Selbstverständlich wird auf umweltfreundliche Materialien geachtet. Andererseits hat bei der Zielgruppe Plastik einen besonderen Prestigewert. Die Lösung: rezyklierbares Plastik. Insgesamt ist dies eine überzeugende Lösung, bringt sie doch mehrfachen Nutzen für die Betroffenen – Beseitigung einer sozialen Diskriminierung und peinlichen Situation, Nutzung biogener Materialien im Kreislauf, kostengünstige örtliche Energiegewinnung etc. Man darf gespannt sein, wie sich das Produkt nach Pilotversuchen am Markt ausbreiten und durchsetzen kann.

Biomasse aus Algen

Franz Emminger (ECO DUNA) hat das Publikum gelehrt, Freundschaft mit Algen (deren Image im Allgemeinen ja nicht besonders hoch ist) zu schließen. Die Algen werden aus Nährstoffen, CO2, Wasser, Sonnenlicht, Öl, sonstiger Biomasse und Sauerstoff produziert, wobei das Prozesswasser rezykliert wird. Mit minimalem Flächenbedarf kann man große Mengen an Biomasse produzieren. Der von Emminger und seinen Partnern entwickelte Reaktor ist produktiver, kostengünstiger und technisch weniger anfällig als frühere Prozesse. Damit werden bisher unwirtschaftliche Produktionen wirtschaftlich. Der erste derartige Reaktor wird in Bruck an der Leitha errichtet.

Abschließend stellte Harald Bleier, Leiter des Kunststoffclusters von ECO-Plus, der niederösterreichischen Wirtschaftsagentur, seinen Arbeitsbereich dar: Es gilt, Unternehmensnetzwerke aufzubauen und dabei möglichst offene Kommunikation und Kooperation zu fördern. Skepsis, Zurückhaltung und Widerstand müssen überwunden werden. Bleier gewährte sowohl interessante Einblicke in die Historie der Biokunststoffe wie auch in die Freuden und Probleme unternehmerischer Kooperationen in Netzwerken, die als „Cluster" in ganz verschiedenen Produktionsbereichen zu den Stärken der Aktivitäten und Projekte der ECO-Plus zählen.

Publikum und Moderator konnten sich abschließend über faszinierende und zukunftsfähige Ansätze bei ganz unterschiedlichen Produkten freuen. Auch die Offenheit der Diskussion auch über problematische Bereiche (GVO, Konkurrenz zu Lebensmittelproduktion, Mitberücksichtigung der Umweltwirkungen der Transporte, Recyclinggarantie für spätere Jahre usw.) war beeindruckend und ermutigend zugleich.

Braungarts Bonmot vom „intelligenten Verschwenden" im Sinne von „mehr konsumieren", es dabei aber „besser machen", wurde relativiert: Sind doch auch die erneuerbaren Rohstoffe in ihrer Nutzbarkeit begrenzt. Dass dies dem Publikum bewusst ist, zeigten z.B. die Fragen zur Konkurrenz Lebensmittel – stofflich-energetische Nutzung von Biomasse.

Unbestritten blieb, dass die Bemühungen der Präsentatoren allesamt zu begrüßen sind. Zu hoffen ist, dass sich viele weitere Produktionen schrittweise dem theoretischen Idealziel der abfall- und emissionsfreien vollständigen Kreislaufwirtschaft annähern mögen.

Zeitgenossen im Gespräch

Daniel Häni im Gespräch mit Michael Kerbler

Was würden Sie arbeiten, wenn für Ihr Einkommen gesorgt wäre?

Im Mittelpunkt dieser Ö1- Gesprächsreihe „Zeitgenossen im Gespräch" stehen Persönlichkeiten, die durch ihre Tätigkeit, Biographie oder Leistung legitimiert sind, zu wesentlichen kultur- und gesellschaftspolitischen Fragen unserer Zeit Stellung zu nehmen; deren Wortmeldungen gefragt sind, weil auch hierzulande das Bedürfnis existiert, das Reiz-Reaktionsschema zu durchbrechen und durch Information und Reflexion zu ergänzen.

In einer weiteren Folge der Reihe, die der Radiokultursender Österreich 1 auf Einladung von GLOBArt im Kloster Pernegg veranstaltete, sollte sich in diesem Sinne auch das Gespräch mit Daniel Häni entwickeln, einem Social Entrepreneur aus Basel, einem der beiden Begründer der schweizerischen „Initiative Grundeinkommen".

Daniel Häni wurde im Jahr 1966 in einem Ort in der Nähe von Bern geboren – nämlich in Mühleberg, wo eines der vier AKW der Schweiz steht. Das Gegen–das–Atomkraftwerk–Sein hat auch ein wenig seine Jugend geprägt. Er absolvierte eine Lehre als Vermessungszeichner und studierte Siedlungsplanung. Er übersiedelte 1987 nach Basel und gründete im Jahr 1999 das „Unternehmen Mitte", und zwar in einem ehemaligen Bankgebäude, das ungefähr ein Drittel so groß ist wie die ehemalige Hauptanstalt der CA in Wien –, damit Sie sich einen räumlichen Begriff machen können – und vereinte unter dem Dach dieses ehemaligen Bankgebäudes viele Firmen: ein Kaffeehaus, Bars, ein Theater im Keller, Büros, Wohnungen, – eine Art soziale Plattform für Kultur und Arbeit, wenn Sie so wollen. Seit einiger Zeit ist Daniel Häni maßgeblicher Motor der „Initiative Grundeinkommen", die sich das Ziel gesetzt hat, eine Volksabstimmung über das „bedingungslose Grundeinkommen" herbeizuführen.

„Du selbst musst die Veränderung sein, die Du in der Welt sehen willst.", so lautet das Motto der diesjährigen GLOBArt Academy, das von Mahatma Gandhi geliehen ist. In diesem Sinn: „Herzlich willkommen, Daniel Häni!"

Vielen Dank für die Einladung. Ich bin sehr gern von Basel nach Österreich gekommen und freue mich auf das Gespräch. Das Motto spricht mich an und trifft einen Kern, von dem ich meine, dass er wesentlich ist.

Manchmal, wenn ich gefragt werde, was war der ausschlaggebende Grund, jemanden in die Sendung einzuladen, zögere ich und bin mir manchmal gar nicht mehr so sicher, was der eigentliche Auslöser war. Bei Ihnen aber bin ich mir ganz sicher. Ich kann mich genau erinnern: Im Herbst, im sogenannten „Heißen Herbst" des vergangenen Jahres, als die Studenten in Wien demonstriert haben und als es auch den Vorlesungsboykott gegeben hat, da war an der Universität für Angewandte Kunst ein Riesenbanner angebracht, auf dem stand „1500 Euro Grundeinkommen" und darunter die Frage: „Was würden Sie arbeiten, wenn für Ihr Einkommen gesorgt wäre?" Diese Frage hat mich wirklich elektrisiert und ich habe mir die Frage gestellt: „Warum ist das so eine starke Frage?" Und dann habe ich mir den Satz genauer angeschaut: „Was würden Sie arbeiten?" – Arbeiten! Sie haben nicht geschrieben: „Was würden Sie für einen Job machen?" oder „Was würden Sie für eine Erwerbsarbeit machen?" – Sie haben nach „Arbeit" gefragt. Wenn wir eine andere Position zur Frage der Arbeit einnehmen wollen, wenn wir wirklich eine Wendezeit – wie das heuer das Generalthema bei GLOBArt ist - anstreben, müssen wir nicht einen neuen Begriff für Arbeit finden?

Wir brauchen nicht unbedingt einen neuen Begriff für „Arbeit", sondern wir können diesen Begriff wieder freischaufeln, befreien. Den Begriff freischaufeln davon, dass er nur Erwerbsarbeit bedeutet. So wird er heute gemeint: Arbeit ist Erwerbsarbeit, ist Arbeit für Geld. So wird er meistens verwendet. Ich glaube „Arbeit" muss grundsätzlich wieder für menschliche Tätigkeit stehen und zunächst gar nicht damit in Verbindung gebracht werden, dass man dafür einen Lohn bekommt, dass man dafür bezahlt wird. Wenn man diesen Schritt wagt, eröffnen sich neue Perspektiven.

Es geht also um Arbeit – das kann Erwerbsarbeit sein, es kann aber auch eine unentgeltliche Leistung für Personen sein, die Sozialhilfe brauchen, die Unterstützung benötigen, die zum Beispiel zu Hause gepflegt werden müssen, nur um klar zu machen, worüber wir reden.

Ja. Wenn man die Idee des bedingungslosen Grundeinkommen – sagen wir mal in der Höhe von 1500 Euro – in Umlauf bringt, die man von der Geburt bis zum Tod bekommt, bedingungslos, das heißt, dass die Kinder das auch bekommen, dann kommt schnell der Einwand: „Was, die Kinder bekommen das auch? Dann würden ja die Leute ganz viele Kinder machen, damit sie reich werden damit!" Daran sieht man: Es gibt Leute die meinen, Kinder zu erziehen sei keine Arbeit. Ich meine hingegen, Kindererziehung ist eine der allerwichtigsten Arbeiten, die heute aber leider sehr vernachlässigt wird in diesem Zwang, den Geld und Gewinnmaximierung ausüben. Ich sage, wir müssen eine neue Kultur erfinden, in der es nicht um Gewinnmaximierung, sondern um Sinnmaximierung geht. Eine Kultur in der gerade die Arbeit mit den Kindern als sinn- und wertvolle Arbeit gesehen und ermöglicht wird.

Wie sind Sie denn dazu gekommen, diese Frage „Was würden Sie arbeiten, wenn für Ihr Einkommen gesorgt wäre?" zu formulieren?

Das war Anfang der 90er Jahre. Ich habe in Basel an einem Kiosk eine Zeitungs-Schlagzeile gelesen: „Grundeinkommen für alle". Das hat bei mir eingeschlagen wie ein Blitz. „Mit dieser Geschichte werde ich zu tun haben", das war mir sofort klar – und ich habe mich mit der Idee eingehend beschäftigt. Zur Fragestellung hat mich ein österreichischer Philosoph inspiriert. Er hat eine Art soziale Matrix formuliert. Die lautet in meinen Worten so: Einer Gesellschaft als Ganzes geht es umso besser, je mehr die Menschen für andere Menschen arbeiten, je mehr das, was sie tun, für andere Menschen getan wird, und das, was sie konsumieren und für sich brauchen, dass sie das von anderen bekommen. Das hat mich zu dieser Frage inspiriert, die darauf abzielt, dass man die beiden Begriffe „Arbeit" und „Einkommen" beginnt zu trennen. Diese soziale Matrix hat nichts moralisches an sich, das gefällt mir daran, sie ist nur beschreibend: Einer Gesellschaft geht es besser, wenn die Menschen das, was sie produzieren, für andere tun, und das, was sie konsumieren, von anderen entgegennehmen.

Herr Häni, wir müssen definieren, was „bedingungsloses Einkommen" ist, was Sie unter bedingungslosem Einkommen verstehen?

Ein bedingungsloses Grundeinkommen ist ein Einkommen, das man nicht bekommt, weil man arbeitet; das aber auch nicht an die Bedingung geknüpft ist, dass man nicht arbeitet – so ist es ja heute beispielsweise beim Arbeitslosengeld. Da muss man nachweisen, dass man nicht arbeitet, damit man das Geld bekommt. Was im Grunde zynisch ist. Das bedingungslose Grundeinkommen ist nicht an eine Bedingung geknüpft, dass man zum Beispiel sich bewerben muss oder einer Beschäftigung nachgehen muss oder dass man krank ist. Es ist wirklich vollständig ohne Bedingung.

Das bedingungslose Grundeinkommen sollen alle Staatsbürger und Staatsbürgerinnen bekommen. Wenn ich mich richtig erinnere, heißt es im Modell: Kinder bekommen die Hälfte von dem Betrag X – bleiben wir bei den 1500 Euro – also 750 Euro. Sind ausländische Personen, die im Land sind, auch anspruchsberechtigt und wenn ja unter welchen Voraussetzungen?

Das ist eine demokratische Frage. Wer gehört dazu und wer gehört nicht dazu? Ich meine, dass die ausländischen Mitbürger und Mitbürgerinnen auch ein Grundeinkommen bekommen müssen, denn sonst wären sie ja erheblich benachteiligt am Arbeitsmarkt.

Das Grundeinkommen ist also an den Wohnsitz gebunden.

Ja, das finde ich sinnvoll. Wenn man diese Idee in Umlauf bringt, ist einer der ersten Einwände, die gemacht werden, jener: „Da kommen die Ausländer zu uns." Also in Ihrem Fall wären das die Deutschen, oder? Nehme ich an.

Ja, die sind schon da.

Da kann man merken: Jemand, der diesen Einwand bringt, der hat noch nicht wirklich über den Vorschlag nachgedacht. Der meint höchstwahrscheinlich, das bedingungslose Grundeinkommen sei Geld, das man einfach oben drauf bekommt, dazugezahlt bekommt. Aber das wäre Nonsens, das würde nicht funktionieren. Das bedingungslose Grundeinkommen ist ein Einkommen, das einen Teil des bestehenden Einkommens ersetzt – ersetzt in seiner Höhe. Es geht beim Grundeinkommen nicht um mehr Geld, sondern um die Bedingungslosigkeit. Nur wer heute weniger hat als das Grundeinkommen, der hätte dann mehr, und das ist schlussendlich gar nicht viel mehr Geld. Und der Ausländer ist im Nachteil zum Inländer, denn er bringt kein Grundeinkommen mit an den Arbeitsplatz. Es würde also nicht zur Völkerwanderung kommen.

Ich meine, es ist ganz wichtig, dass wir anhand von zwei vergleichbaren Personen in Österreich dieses Exempel durchrechnen, um es leichter verständlich zu machen. Nehmen wir an, ich bin Staatsbediensteter – egal, ob jetzt in einem Ministerium oder Gymnasiallehrer oder was auch immer, und nehmen wir an, ich verdiene 2500 Euro – wir gehen von Bruttolöhnen aus. Und jetzt kommt das Grundeinkommen von 1500 Euro. Das heißt die Differenz, diese 1000 Euro zu den 1500 Euro, kommt vom Staat zum Grundeinkommen dazu. Korrekt?

Richtig, ja. Dieser Staatsbeamte wird nach wie vor ein Gesamteinkommen von 2500 Euro haben – nur setzt es sich anders zusammen: 1000 Euro Erwerbseinkommen und 1500 Euro Grundeinkommen. Es würde sich von der Gesamtsumme her nichts ändern, es wäre nur eine Änderung in der Buchhaltung. Und transferiert ist das Geld auch schon, weil es ja schon beim Staat ist. Das ist der einfache Fall! Aber man kann daran gut das Prinzip erkennen.

Jetzt nehmen wir an, ich bin in der Privatwirtschaft und verdiene 2500 Euro. 1500 Euro ist dann das künftige Grundeinkommen, das ich – ich nehme an vom Staat – überwiesen bekomme.

Der Staat sind wir, ist das in Österreich auch so?

Ich weiß nicht, ob alle im Saal dieses Gefühl ununterbrochen haben. Das weiß ich nicht. Aber vom Prinzip her haben Sie recht. Also wir überweisen uns 1500 Euro.

Ja.

Aber im Fall der Privatwirtschaft spart sich ja der Unternehmer oder die Unternehmerin nach Ihrer Rechnung plötzlich 1500 Euro, weil dieser Bezug von uns – also vom Staat – kommt. Heißt das, dass der Unternehmer oder die UnternehmerInnen sich dann 1500 Euro sparen? Da würde ich ja sofort Unternehmer werden und viele Leute einstellen.

Das ist ein Denkirrtum – der passiert übrigens häufig den Linken. Darf ich grundsätzlich sagen: Das Grundeinkommen ist überparteilich. Es gibt Befürworter im linken Spektrum, im rechten Spektrum und in der Mitte, und umgekehrt gibt es Gegner auch überall. Die Linken, die diesen Denkirrtum begehen, nämlich dass der Unternehmer sich dann Geld spart, die sind deshalb gegen das Grundeinkommen. Aber es ist gar nicht so, dass der Unternehmer sich Geld erspart, sondern der Mitarbeiter würde 1500 Euro an den Arbeitsplatz mitbringen, das heißt der Unternehmer – ist das eigentlich immer ein Mann?

Nein, nein. Ich habe Unternehmer und Unternehmerinnen gesagt!

Also, ich nehme eine Unternehmerin an. Oder sagen wir besser „das Unternehmen" muss weniger Erwerbseinkommen zahlen und könnte deshalb die Preise des Produkts senken, das in dem Unternehmen hergestellt wird. Jetzt muss allerdings das Grundeinkommen an den Staat transferiert werden, der wir ja selbst sind. Also muss das am einfachsten als Abgabe auf den Preis kommen, sodass der Preis dann wieder gleich hoch ist. Es ist so gesehen ein Nullsummenspiel: aber gedanklich und mental ist es eine große Änderung, weil die 1500 Euro, die sind dann bedingungslos, und die schaffen natürlich am Arbeitsmarkt, in der Lohnverhandlungen und in den Einstellungsgesprächen eine ganz andere Situation – nämlich ein Mehr an gleicher Augenhöhe. Das würde in den Unternehmen sehr vieles verändern. Ich sehe darin einen der wichtigsten Nebeneffekte des bedingungslosen Grundeinkommens: Es bringt die Unternehmen ohne neue Gesetze dazu, zu schauen, dass sie gute Arbeitsplätze und Arbeitsbedingungen haben, wo Menschen arbeiten kommen wollen. Das heißt, in den Unternehmen würde – ohne dass man es fordert, die sollen mehr Umweltschutz oder die 40-Stunden-Woche einführen – von sich aus ein anderes Arbeitsklima entstehen. Nicht revolutionär, sondern evolutionär würde das sein!

Das heißt, die Unternehmerin müsste damit rechnen, wenn sie nicht pfleglich mit ihrer Fachkraft umgeht, dass diese die Firma samt 1500 Euro Grundeinkommenverlässt. Richtig?

Ja, genau! Und stellen Sie sich einmal vor, was das an Positivem für alle bewirkt. Wenn weniger Menschen Dinge produzieren, die sie nur deshalb produzieren, weil sie das eigentlich müssen oder wenigstens eine Ausrede dafür haben; Sie kennen das doch: „Wieso machst Du das eigentlich?" – „Ja ich muss halt, ich muss ja irgendwie für die Familie sorgen!" Diese Veränderung würde den Verantwortungsgrad der Menschen, die arbeiten, absolut stärken. Deshalb gilt es dieses bedingungslose Grundeinkommen unter die Lupe zu nehmen. Nicht wegen dem Geld, sondern wegen der Qualität.

Ich nehme auch Ihren Satz noch einmal unter die Lupe: „Was würden Sie arbeiten, wenn für Ihr Einkommen gesorgt wäre?" Darin steckt eigentlich die Kernfrage nach einem sinnvollen Leben! Was ist eine sinnvolle Arbeit, was würde ich gerne arbeiten, was für die Allgemeinheit nutzbringend ist? Eine Arbeit, die meine Stärken, meine Qualifikationen herausfordert, und die ich wähle – für mich, für die Allgemeinheit. Und die kein Brotberuf ist.

Und wesentliche ist nicht nur die Fragestellung. Wesentliche ist, wer sie beantwortet. Und das wäre bei einem bedingungslosen Grundeinkommen jeder einzelne Mensch.

In Österreich oder der Schweiz gibt es bereits hohe Transferleistungen – weil ja immer die Frage nach der Finanzierbarkeit und Durchführbarkeit dieses Modells gestellt wird. Sie haben die Finanzierbarkeit des Grundeinkommens für die Schweiz durchrechnen lassen. Grundsätzlich gefragt: Wer lebt denn heute von einem Erwerbseinkommen und wer von Transferleistungen des Staates?

Das ist eine sehr interessante Frage, die ich auch nicht beantworten konnte, bevor ich mich damit beschäftigt habe. Ich kenne die Zahlen aus Deutschland, aber ich denke, es ist in Österreich und in der Schweiz ähnlich. Wenn man sich zehn

Menschen in Deutschland ansieht und fragt „Woher haben die ihr Einkommen?“, dann haben heute nur noch vier Personen – also nicht einmal die Hälfte – ihr Einkommen direkt aus der Erwerbsarbeit. Drei von zehn Menschen beziehen ihr Einkommen aus familiären Transferleistungen – die Frau oder der Mann stellt das Geld für den andern und für die Kinder. Zwei von zehn Bürgern haben ihr Einkommen aus der Rente und einer über Sozialhilfe. D.h., dass es Transfereinkommen gibt, ist heute schon üblich. Der springende Punkt ist die Bedingungslosigkeit. Das ist der Kern der Geschichte. Nicht, dass es ein Transfereinkommen gibt, ist das Neue an der Geschichte, sondern, dass diese Transferleistung bedingungslos wird.

Weil Sie jetzt die Situation der Frauen angesprochen haben: Was würde denn das konkret für Frauen bedeuten? Also nehmen wir ein Ehepaar mit zwei Kindern an. Das heißt, die Frau, die zu Hause ist und die Kinder aufzieht, bekommt auch 1500 Euro und für die zwei Kinder – 750 Euro mal zwei – noch 1500 Euro. Der Punkt ist: Was bedeutet das für die Partnerschaft?

(lacht) Dass die Scheidungsrate zunächst steigt. Zunächst! Dann sinkt sie wieder.

Ist das ein Modell, das sie unter diesem Aspekt entwickelt haben?

Nein nicht, aber in einem gewissen Sinne schon. Es ist eine ernste Sache. Es würde die Partnerschaft in eine andere Position bringen. Man kann daran sehen, dass es eine emanzipatorische Geschichte. Das bedingungsloses Grundeinkommen ist ein emanzipatorisches Einkommen. Aber es gibt auch Frauen, die in der Frauenbewegung aktiv sind, die das Grundeinkommen ablehnen. Sie sagen „Das ist eine Herdpauschale!“ – sie haben Angst. Und wenn man sich die Frauenbewegung bzw. die emanzipatorische Bewegung ansieht: Die hat jetzt über ein Jahrhundert für die Rechte der Frau gekämpft, nämlich, dass die Frau gleichberechtigt auch Erwerbsarbeit leisten kann. Und jetzt, wo es einigermaßen erreicht ist – es ist ja immer noch nicht auf dem gleichen Stand – soll plötzlich ein bedingungsloses Grundeinkommen kommen, wo eben dieser Status der Erwerbsarbeit nicht mehr so wichtig ist. Da gibt es zunächst auch von dieser Seite her Gegnerschaft. Aber es gibt auch immer mehr Befürworterinnen, weil sie spüren, das Grundeinkommen stärkt die Gleichberechtigung. Es schafft mehr gleiche Augenhöhe – auch in der Familie und Partnerschaft.

Weil heute in den Arbeitsgruppen sehr oft davon die Rede davon war, was man im dritten oder im vierten Viertel seines Lebens macht: 1500 Euro – bleiben wir bei diesem Betrag – ist dann auch Teil der Pensionsleistung?

Ich glaube, da gibt es jetzt noch diese künstliche Grenze: Jetzt muss man in die Rente gehen. Das würde sich Schritt für Schritt auflösen. Es würde auch diese Angst und Unsicherheit im Alter auflösen, das bedingungslose Grundeinkommen würde wahrscheinlich die ganzen Rentensysteme vom Obligatorium befreien. Dies wiederum würde noch weitreichendere Wirkung haben: Stellen Sie sich vor, wie viel Geld heute für die Alterssicherung angelegt wird, in Fonds gelegt wird, und was mit diesen Fonds passiert, was dort eigentlich für eine Energie drin steckt. Also es würde auch dort eine Entschärfung bewirken und, ich sage mal: es würde wieder „natürlicher" gehen können – auch im Alter.

Wir müssen zu dem Punkt der Finanzierbarkeit kommen. Die Frage, die sich mir stellt, ist: unser jetziges Steuersystem müsste wie umgestellt werden, damit Sie dieses Grundeinkommen jedem Bürger und jeder Bürgerin inklusive den Jugendlichen und Kindern garantieren können.

Die Finanzierungsfrage ist interessant! Viele von denen die gegen ein bedingungsloses Grundeinkommen sind sagen zunächst es sei nicht finanzierbar. Denn es ist schwer zu sagen: „Ich bin gegen das Grundeinkommen. Ich will nicht, dass die Menschen mehr selbstbestimmt, mehr mit eigener Verantwortung im Leben stehen." Das hört sich nicht gut an. Deshalb sagt man einfach mal, es sei nicht finanzierbar.

Bleiben wir in der Schweiz: Da weiß man, das Grundeinkommen ist finanzierbar. Vom Bruttoinlandsprodukt, von der Staatsquote, vom Steueraufkommen, wie wir es jetzt haben – wenn wir davon ausgehen, wie groß ist die Finanzierungslücke, die es wirklich zu schließen gilt, um das bedingungslose Grundeinkommen zu finanzieren.

Ich möchte es nicht vorrechnen und damit beweisen. Das nützt gar nichts, wenn man es beweist. Man muss es verstehen wollen, man muss es denken können. Wenn man es sich in der Schweiz ansieht, und das haben wir natürlich gemacht, und schaut, wo überall das bedingungslose Grundeinkommen bestehendes Einkommen ersetzt, dann ist das zunächst in den staatlichen Leistungen der Fall: die Renten, die Arbeitslosengelder, usw. – Wenn man das zusammenrechnet, ergibt das einen recht großen Betrag. Dann muss man überlegen: Wie viel vom Erwerbseinkommen würde es ersetzen? Bei den Einkommen, wo man viel verdient, wie das Beispiel von den Beamten – wobei, das ist auch nicht so viel, zweieinhalbtausend Euro, kann man davon überhaupt leben als Beamter? Ist das das Lohnniveau eines Beamten?

Also das Durchschnittseinkommen eines unselbständigen Erwerbstätigen beträgt brutto zirka 2000 Euro (Frauen: 1475 Euro / Männer: 2500 Euro / männlicher Beamter: 3970 Euro / alles Bruttogehälter)

O.k., Ich will sagen: bei den Einkommen, die heute nicht tief sind, würde das Grundeinkommen vollständig ersetzend wirken. Die Einkommen würden einfach gleich bleiben. Bei den Einkommen, die heute aber im Niedriglohnsektor liegen, dort würde das Grundeinkommen natürlich eine Veränderung bewirken, nämlich dass im Niedriglohnsektor ohne Forderung, ohne Demonstration, ohne politische Geschichten automatisch die Arbeit besser bezahlt würde. Wir haben das so einmal durchgerechnet und sind auf einen Betrag von fünf Prozent des Bruttoinlandsproduktes in der Schweiz gekommen.

Das ist jener Betrag, der fehlt, um diese Lücke zu schließen und das Grundeinkommen zu finanzieren?

Ja, das ist die Größenordnung. Wir haben es mit einem Ingenieur zusammen durchgerechnet. Dieser Ingenieur macht Rationalisierungen in der Wirtschaft. Der macht das leidenschaftlich gern, nämlich die Menschen von der Arbeit befreien, indem er Maschinen erfindet, die diese Arbeiten ausführen können. Er ist sehr angetan von der Idee des bedingungslosen Grundeinkommens, weil er seine Arbeit mit einem guten Gewissen tun möchte. Das Resultat seiner Arbeit kann Menschen heute in eine prekäre Lage führen und das weiß er. Deshalb engagiert er sich für das Grundeinkommen. Er fragte als Ingenieur immer: „Kann man das finanzieren?“ Und dann haben wir das gemeinsam durchgearbeitet und dann kamen diese fünf Prozent heraus. Und da sagte er: „Es ist machbar.“

Gut, also wenn es für die Schweiz machbar ist, dann könnte ich mir vorstellen, dass es auch für Österreich machbar ist. Aber ich denke mir, lieber Herr Häni, wenn ich 1500 Euro bedingungsloses Grundeinkommen erhalte und angenommen ich verdiene zur Zeit 1600 oder 1700 Euro, warum soll ich da noch arbeiten gehen?

Und wie lautet die Antwort? Denn ich kann das nicht beantworten. Mein Anliegen ist nur, dass jeder und jede selber diese Frage beantwortet. Und tun Sie das bitte auch ganz persönlich. Das Grundeinkommen ist eine intime Geschichte: Wie wäre das bei mir? Wir haben ja Umfragen gemacht. Auf unserer Website kann man diese Frage beantworten und es ist schon interessant, was da herauskommt. Wenn ich das jetzt statistisch darstellen soll, antworten 90 Prozent der Menschen, die man fragt: „Was würden Sie arbeiten, wenn für Ihr Einkommen gesorgt wäre?" Folgendes: „Ich würde weiterarbeiten. Ich würde vielleicht in einem anderen Unternehmen arbeiten. Ich würde mich vielleicht noch einmal weiterbilden." Eine sehr schöne Antwort ist: „Das gleiche, aber besser." Also 90 Prozent sagen: weiter arbeiten. Sie müssen daher keine Angst haben, dass dann alles zusammenbricht. Aber wenn man diese Leute fragt: „Was denkt Ihr, wie ist das bei den anderen – bei den „Leuten"?" Dann sagen 80 Prozent: „Also ich glaube, die würden nicht mehr arbeiten!"

Einer der Befürworter ist ja der Gründer der Drogeriekette „dm" Götz Werner. Hat der das in seinem eigenen Unternehmen schon einmal ausprobiert, wie das funktioniert mit dem Grundeinkommen und was sich dann im Arbeitsablauf ändert?

Das müssten Sie natürlich ihn fragen. Meine Antwort ist, dass er es in einem gewissen Sinne praktiziert. Nicht, dass er seinen Mitarbeitern jetzt ein Gruneinkommen gibt, aber er fördert diese Haltung, dass man nicht fürs Geld arbeitet, sondern, weil man arbeiten will. Das bedingungslose Grundeinkommen in einem Unternehmen alleine auszuprobieren, macht keinen Sinn.

Würde es einen Sinn machen, das bedingungslose Grundeinkommen in der Schweiz einzuführen?

In der Schweiz? Ja, dort ist die Wahrscheinlichkeit am größten, weil wir in der Schweiz die politischen Formen und Werkzeuge haben, die dieser Idee sehr entsprechen, die von dem geistigen Gehalt her mit dem Grundeinkommen identisch sind. Wir haben in der Schweiz die Formen. Sie wissen, wovon ich spreche?

Sie meinen die Volksabstimmung, die Instrumentarien der direkten Demokratie.

Genau, das haben wir im Auge. Als ich damals diese Headline am Kiosk las, war das der zweite Gedanke. Grundeinkommen für alle – wir machen eine Volksinitiative in der Schweiz. Aber damals war die Zeit noch nicht reif. Jetzt denke ich, wird die Zeit immer reifer und wir sind sehr intensiv am Vorbereiten einer solchen Volksinitiative. Das ist keine kleine Sache, das ist eigentlich eine recht große Veranstaltung. Es ist eigentlich eine Bildungsveranstaltung, wo man eine Frage, ein Thema, mit allen stimmberechtigten Bürgerinnen und Bürgern bespricht – das sind in der Schweiz rund 5 Millionen Menschen. Es ist also eine Veranstaltung mit 5 Millionen Menschen, die wir durchführen wollen. Ich möchte kein bedingungsloses Grundeinkommen, das von den Politikern, von oben herab eingeführt würde. Ich denke da würde eher ein Sparbrötchen daraus. Aber die Gefahr, dass es so wird, schätze ich als sehr hoch ein. Das kann man ja gerade in Österreich die Tage sehen.

Sie meinen die Mindestsicherung.

Genau.

Danke für das Stichwort. Was ist der gravierendste Unterschied zwischen der-Mindestsicherung, die mit September 744 Euro betragen wird, und dem bedingungslosen Grundeinkommen?

Ersteres ist ein Sparbrötchen. Also man kann davon nicht leben, oder? Das heisst, man kann davon nicht leben, ohne dass einem das Thema Geld immer zuvorderst ist. Das ist ja die Idee des bedingungslosen Grundeinkommens: Das Geld soweit zu organisieren, dass einem das nicht immer zuvorderst ist, sodass man freier denken kann. Und mit 744 Euro? Da muss man jeden Tag, und zwar öfters, ans Geld denken und es steht einem schon wieder im Weg – erstens. Zweitens: Die Mindestsicherung ist an Bedingungen geknüpft. Und zwar an massive Bedingungen: Wenn man zum Beispiel – habe ich gelesen – einen Partner oder eine Partnerin hat, der oder die noch Erwerbsarbeit hat, dann wird dieser Betrag schon gegen gerechnet, stimmt das?

Ja, oder wenn Sie ein Auto haben, müssen Sie nachweisen, dass Sie es beruflich brauchen, oder wenn Sie eine Eigentumswohnung besitzen, dass sie sie persönlich nutzen – also es gibt einige Auflagen, da haben Sie Recht.

Sie sehen: Man kann von der Idee bedingungsloses Grundeinkommens den Namen brauchen und leicht abändern und damit die Idee missbrauchen. Wir haben das in unserem Film „Grundeinkommen – ein Kulturimpuls" auch gezeigt und da sind die drei Elemente bennannt, wie man das Grundeinkommen missbrauchen kann – merken Sie sich die bitte – 1) man setzt es zu tief an, 2) man will damit die bestehenden Sozialleistungen streichen, 3) man macht es dann doch von Bedingungen abhängig. Wenn das Grundeinkommen von oben eingeführt würde, denke ich, wäre auch die Gefahr sehr groß, dass es auf einen Missbrauch der Idee hinausläuft. Also seid wachsam.

Wenn Sie mit Leuten in der Schweiz reden, nehme ich doch stark an, dass ab und zu das Argument kommen wird: Wer nicht arbeitet, der soll auch nichts essen.

Sie meinen diesen Satz des Apostel Paulus?

Wobei der ja immer falsch zitiert wird, nicht?

Ja, der hat in Wirklichkeit ja etwas ganz anderes gesagt.

Nämlich: „Wer nicht arbeiten will, soll nichts essen".

Genau, einge der Gläubigen im Umfeld von Paulus waren damals so überzeugt davon, dass jetzt die große Erlösung kommt, das die nicht mehr gearbeitet haben. Denen hat er dann – man kann es auch humorvoll auffassen – gesagt: „Also wenn ihr denkt, dass ihr nicht mehr arbeiten müsst, dann hört doch auch gleich auf zu essen." Das war damals die Situation.

Das Zitat lautet: „Denn wir hören, dass etliche unter euch unordentlich wandeln, indem sie nichts arbeiten, sondern fremde Dinge treiben. Solchen aber gebieten wir und ermahnen sie in dem Herrn Jesus Christus, dass sie in der Stille arbeitend ihr eigenes Brot essen." Aber was sagen Sie den Leuten dann?

Also gut, es kommt dann meistens: „Wer macht dann die Drecksarbeit, wer würde dann überhaupt noch arbeiten?" Was steckt da eigentlich dahinter? Ich denke, es ist die Angst, die anderen würden dann nichts mehr machen. Es ist ein fehlendes Zutrauen, vielleicht ein Selber-schlechte-Erfahrungengemacht-haben. Es ist aber auch die Angst vor diesem Schmerz, dass man einmal etwas zulässt – Freiheit zulässt. Freiheit kann ja nur gedeihen und sich weiterbilden, wenn man sie zulässt. Aber das verursacht Schmerzen, das macht Weh. Und dann hat man eine Situation, die kennen Sie vielleicht alle vom Zahnarzt.

Wenn man hingeht, dann hört der Schmerz auf!

Ja, man hat Angst vor dem Zahnarzt, Und man macht aus dem Zahnarzt ein schwarzes Schaf und man könnte den Zahnarzt verprügeln, weil man solche Angst hat zum Zahnarzt zu gehen. Dabei ist der doch derjenige, der einen vom weitergehenden Schmerz befreit.

Nehmen wir an, das bedingungslose Grundeinkommen würde wirklich eingeführt – meinen Sie nicht, dass einige Menschen durchaus Angst haben, diese Freiheit zu nutzen und sich entscheiden zu müssen? Das ist ja auch etwas, was in der Argumentation einkalkuliert werden muss.

Das bedingungslose Grundeinkommen wäre ein gesellschaftlicher Entwicklungsschritt. Die Probleme wären dann andere. Mit einem bedingungslosen Grundeinkommen wird das Leben viel schwerer. Man hat dann viel mehr Fragen – nicht immer nur die Frage: „Wie komme ich jetzt zum Nötigsten? Wie trickse ich mich durch die Gesellschaft durch?" Man hat dann mehr intimere persönliche Fragen: „Wer bin ich überhaupt? Was will ich eigentlich, in was für einer Gesellschaft will ich leben?" Also man muss keine Angst haben, dass das Leben dann einfach würde – es würde schwieriger – aber auf höherem Niveau.

Bis wir soweit kommen müssen Sie mir nicht vom Kopf, sondern vom Gefühl her, auch noch ein Argument liefern. Dieses bedingungslose Grundeinkommen hat so ein bisschen mit Gleichmacherei zu tun. Alle bekommen gleich viel Geld, egal, welche Bedürfnisse sie haben. Unsere Wertigkeit, unsere Stellung in der Gesellschaft wird doch am Einkommen gemessen. Alles Tun wird am Geld gemessen, heißt es. Und plötzlich gibt es ein Grundeinkommen.

Gleich vor dem Recht. Das Grundeinkommen ist ein Bürgerrecht, ein neues Bürgerrecht, eigentlich ein wirtschaftliches Bürgerrecht, das wir noch nicht kennen und das wir jetzt gerade am Entwickeln sind. Diese Geschichte findet jetzt gerade statt. Ein Recht muss immer gleich sein für alle.

Würden Sie so weit gehen wie Thomas Paine, einer der Mitbegründer der USA, der amerikanischen Verfassung, der gesagt hat: „Das Grundeinkommen ist ein Menschenrecht"?

Ja, unbedingt. Es ist ein Menschenrecht. Auf was zielt ihre Frage hin? Gleichmacherei, Kommunismus. Ich glaube, Sie meinen Kommunismus.

Ja. Genau.

Im Kommunismus war es schrecklich. Da durfte man nicht einfach arbeiten. Da wurde einem die Arbeit zugeteilt. Alle waren in Arbeit aber die Regale waren leer. Also ein sehr unintelligentes System, wenn man will, dass es den Menschen gut geht.

Aber es geht nicht um die Vernunft, es geht um das Gefühl. Wie wollen Sie die emotionellen Vorbehalte ausräumen? Jeder schaut in seiner unmittelbaren Nachbarschaft: Was verdient derjenige oder was verdient diejenige? Wie schaffen wir das Klima innerhalb der Gesellschaft, dass begriffen wird, dass diese Frage nach der Schaffung des bedingungslosen Grundeinkommens eine Chance ist, dieses fehlende Wir-Gefühl, das viele von uns vermissen, weil die Individualisierung so hoch ist, dass das wieder hergestellt wird?

Ich glaube, das Grundeinkommen ist wie ein Pflanze, ein Pflanze die wächst. Das geht nicht nicht von heute auf morgen. Sie wächst, wenn wir uns intensiv mit der Idee beschäftigen, nicht nur einmal, sondern immer wieder. Sie wächst, wenn wir mit unseren Freunden und Freundinnen darüber sprechen, wenn wir die Idee weiter erforschen und verstehen. Wenn wir die Idee nicht verstehen, wird es das Grundeinkommen nicht geben. Und wenn wir die Idee nicht verstehen, bin ich auch froh, wenn es das Grundeinkommen nicht geben wird. Es gibt in unserer Gesellschaft z.B. viel Neid, etwa gegenüber der Nachbarin, „dieser blöden Kuh…“ Wenn man der Nachbarin das Grundeinkommen aber nicht gönnt, dann wird es das Grundeinkommen für alle auch nicht geben. Das Grundeinkommen richtet den Blick auf uns selbst: Sich selbst ansehen und fragen: Wie denke ich eigentlich über andere Menschen? Das ist der Weg, der zu beschreiten ist für die Umsetzung der Idee.

Jetzt muss ich doch noch zu Ihrem Beispiel, das ich bei Ihrem „unternehmen mitte“ im Haupteingang zum Kaffeehaus gesehen habe, zurückkommen. Es geht um das Rechenbeispiel mit dem Latte Macchiato, wie sich jetzt die steuerliche Leistung auf die Produkte auswirkt und dann im neuen, das bedingungslose Grundeinkommen finanzierende System. Jetzt haben wir verschiedene Steuern, die auf die Leistungen aufgeschlagen werden. Ihr System zielt darauf ab – und korrigieren Sie mich, wenn ich das falsch sage – zum Beispiel Lohnnebenkosten zu reduzieren, Arbeit steuerlich zu entlasten, und die Steuer, die am Schluss darauf gedoppelt wird, nämlich die Mehrwertsteuer, entsprechend zu erhöhen, um den Finanzierungsbedarf darzustellen. Heißt das, wir müssen mit einer höheren Mehrwertsteuer rechnen?

Wenn man ein Grundeinkommen grundsätzlich ein vernüftig Idee findet, dann kann man auch über diese Frage sprechen. Das wollen wir jetzt tun. Im Kaffeehaus „Unternehmen Mitte“ ist das Hauptprodukt die Latte Macchiato. Wir wollten einmal konkret anschauen, wie das mit den Steuern ist und haben den Macchiato untersucht und haben anhand der Latte Macchiato aufzeigen können, wo überall Steuer drin ist. Am sichtbarsten ist die Mehrwertsteuer, die kommt am Schluss der Wertschöpfungskette. Sie kommt in dem Moment, wo etwas verkauft wird, oben drauf. Weniger sichtbar, aber genauso real ist, dass unsere Mitarbeiter und das Unternehmen Sozialbeiträge einzahlen müssen. Und alle, die Einkommen beziehen in unserem Unternehmen, zahlen auch noch Einkommenssteuer. Dann haben wir gesehen, dass alle diese Steuern – auch wenn sie nicht sichtbar im

Preis sind – schlussendlich doch im Preis drin sind. Das ist die Bombe, die ich im Koffer dabei habe und nicht weiß, ob wir sie jetzt zünden wollen.

Der Unternehmer Häni schlägt doch die Arbeitskosten, die die Serviererin verursacht, auch als Kosten auf den Preis des Latte Macchiato auf.

Ja, sonst würden wir ja in Konkurs gehen und könnten das Bedürfnis nach Latte Macchiato nicht mehr befriedigen – was ja der Sinn ist, warum wir das Unternehmen machen. Also nicht das Bedürfnis des Latte Macchiato, sondern der Ort, wo jeder hinkommen kann, wo Latte Macchiato auf höchstem Niveau produziert wird und getrunken werden kann, aber nicht muss, d.h. es gibt keinen Konsumationszwang bei uns. Das funktioniert übrigens bestens und ist ein Element zur Idee der Bedingungslosigkeit. Bei uns muss man nicht konsumieren.

Weil ich jetzt ein paar erstaunte Gesichter sehe, muss ich Sie kurz unterbrechen. Noch einmal: Es gibt ein Kaffeehaus, das Daniel Häni gehört oder einer Firma.

Es gehört einer gemeinnützigen GmbH und ich bin einer der Gesellschafter. Ich arbeite immer mit Menschen zusammen, nie allein.

.., wo es keinen Konsumationszwang gibt. Sie haben eine Kundenfrequenz von?

Etwa tausend Gästen pro Tag im Schnitt.

Und wie viele sitzen drinnen und konsumieren nichts?

Das sind einige und das ergibt eine gute Stimmung, die erzeugt wird dadurch, dass man im Kaffeehaus eben nicht konsumieren muss. Dass nicht dauernd eine Kellnerin oder ein Kellner kommt und fragt: „Nehmen Sie noch einen?" Das ist Großzügigkeit, Lebensqualität. Und das ist ein Produkt des Unternehmens: Dass man nicht ständig etwas bestellen muss. Finanziell wiegt sich das im Ganzen auf und ist erfolgreich – man muss es eben wagen und einfach tun.

Sie merken am Flüstern – manche fürchten, dass so manches Wiener Kaffeehaus zusperrt, wenn wir Ihrem Vorbild folgen. Ganz im Ernst, die Frage, die sich stellt im Zusammenhang mit Latte Macchiato und Mehrwertsteuer, lautet: Werden die Produkte teurer?

Also gut, Sie wollen die Bombe zünden. Wir haben anhand der Latte Macchiato gesehen, das alle Steuern und Abgaben in den Preisen drin sind. Und wenn man alle Steuern und Abgaben zusammen nimmt, ergibt das in Österreich, da weiß ich die Zahl, genau 50 Prozent. Das nennt man Staatsquote. Also die Hälfte vom Geld im Preis sind Steuern und Abgaben und wird zum Staat transferiert. 50 Prozent. Mehrwertsteuer ist eine Idee, die viel zu tun hat mit Götz Werner, der sich zunächst als Unternehmer mit der Frage der Steuer beschäftigt hat. Da hat er festgestellt, dass er als Unternehmer keine Steuern zahlt, noch nie Steuern gezahlt hat. Haben Sie gehört? Ein Unternehmen zahlt nie Steuern. Das hat er bemerkt und daran gearbeitet wie ein modernes weiterführendes Steuersystem des 21. Jahrhunderts aussehen könnte. Er kam darauf: Wenn die Steuern in die Preise weitergegeben werden und auch heute schon im Konsum getragen werden warum machen wir das dann nicht so, dass wir überhaupt die Steuer am Schluss auf die Preise erheben? Warum machen wir das nicht schon? Das einzige was dann fehlt, ist der Steuerfreibetrag. Der Steuerfreibetrag können Sie ja nicht an der Kasse bei der Migros und bei Coop – wie heißen die Einkaufsläden in Österreich ...?

Hofer.

Also wenn Sie zu Hofer einkaufen gehen, dann können Sie ja nicht bei der Kasse den Steuerfreibetrag ausbezahlt bekommen. Also: wenn es nur noch Konsumsteuer gäbe, bräuchte es auch einen Steuerfreibetrag, der den sozialen Ausgleich herstellt, und der müsste dann – und das ist die große Errungenschaft von Götz Werner – dieser Steuerfreibetrag müsste an alle ausbezahlt werden.

Das heißt: das bedingungslose Grundeinkommen wird als Steuerfreibetrag betrachtet.

Ja, als Steuerfreibetrag, der an alle ausbezahlt wird. Dann ist zudem auch die Bedingungslosigkeit klar, weil den Steuerfreibetrag bekommt jeder vor dem Recht gleich. Das ist das bedingungslose Grundeinkommen: Der Steuerfreibetrag der Mehrwertsteuer. Auf diesem Weg ist Werner auf die Idee des Grundeinkommens gekommen und ist heute einer der maßgeblichen Befürworter dieser Idee, weil er die Sache durchgedacht hat.

Ich weiß, dass heute auch einige Menschen aus der Wirtschaft und auch aus dem Bankenbereich hier sind, deshalb frage ich: Wenn Sie jetzt auch den Jugendlichen und den Kindern ein Grundeinkommen geben, dann ist plötzlich um einiges mehr an Geldmenge in der Zirkulation.

Fünf Prozent haben wir gesagt.

Wie steht es mit der Inflation?

Bei den fünf Prozent ist die Frage: Steigt dadurch auch die Produktivität? Grundsätzlich will ich sagen: Es lebt ja niemand vom Geld. Geld kann man nicht essen und wird davon satt. Also Geld kann zwar eine Droge sein, wenn man zu viel mit diesem Geld zu tun hat – viele benehmen sich dann wie jemand, der mit einer Droge hantiert. Aber ich will sagen: Geld kann man nicht essen. Wir müssen deshalb auf die Produktion schauen. Wir müssen schauen: Haben wir genug Waren und Dienstleistungen und das, was wir alles konsumieren wollen – gibt es davon genug?

Oder haben wir fünf Prozent mehr Produktivität, damit das Mehr an Geld wieder aufgesogen wird?

Ja, Menschen bekommen durch das Grundeinkommen einen anderen Zugang auch zum Konsum und werden befreit zum Arbeiten. Es kann durchaus sein, dass durch das Grundeinkommen die Produktivität steigt. Auf jeden Fall sind die Produktivitätskapazitäten heute bei weitem nicht ausgeschöpft. Man könnte leicht – ohne viel mehr Arbeit - einfach mehr produzieren, indem man die Produktionskapazitäten auslastet und damit viel mehr Menschen versorgen kann. Man hat das erlebt vor 21 Jahren, als die Wende war: Da musste plötzlich ein ganzes Volk - die DDR - mitversorgt werden, und das ging ohne grosse Engpässe! Ich habe also keine Angst, dass wir dann einen Mangel an Produkten haben werden!
Wichtig ist, dass man das Geld nicht verwechselt mit dem, was man konsumieren will. Es fehlt heute eigentlich das Geld zum Konsumieren – jedenfalls zum qualitativen Konsum, oder? Das finde ich so schlimm bei dieser „Mindestsicherung": 744 Euro – da kann man doch nicht qualitativ konsumieren. Und es ist doch eigentlich nur – darf ich sagen „dumm"? – also nicht intelligent, wenn man in einem Land viele Menschen in eine Situation bringt, wo sie erstens immer den ganzen Tag denken müssen: „Wie kriege ich das Geld? Muss ich noch sparen?", wo sie Junk-Produkte kaufen müssen, weil sie das Geld nicht haben. Wo sie in einer Situation leben, in der sie sich eigentlich gar nichts leisten können, wo sie nichts beitragen können, weil ihnen das Konsumgeld fehlt. Und deshalb meine ich, dass diese fünf Prozent nicht das Problem sein werden.

Das heißt, Daniel Häni hat eigentlich nichts gegen die Marktwirtschaft, wenn sie sozial ist?

Nein, damit die Marktwirtschaft aber sozial sein kann, dafür braucht sie Regeln. Ich bin z.B. für ein anderes Aktienrecht – vor allem aber muss man zwischen der

Realwirtschaft und der Finanzwirtschaft unterscheiden können. Und wenn wir während dieser Tagung auch über die Finanzkrise gesprochen haben, haben wir über die Finanzmarktkrise gesprochen, die, als sie ausgeschlachtet wurde, auch für die Menschen in der Realwirtschaft Konsequenzen hatte. Wenn wir da diesen einen Bogen noch spannen: ich bin sehr für die Marktwirtschaft, ich bin aber für eine Marktwirtschaft – insbesondere am Arbeitsmarkt – auf gleicher Augenhöhe – also für einen freien Arbeitsmarkt. Das Grundeinkommen würde einen freieren Arbeitsmarkt bringen. Wenn man arbeiten gehen muss, kann man eigentlich nicht von einem freien Arbeitsmarkt sprechen.

Warum, Herr Häni, ist in Ihrem Konzept des bedingungslosen Grundeinkommens, zum Beispiel als „Ausgleich zwischen Arm und Reich", keine Steuer für „Reiche" dabei? Hans-Peter Haselsteiner, einer der reichsten Männer in Österreich, Konzernchef eines Bauunternehmens, hat in einem Gespräch mit mir gesagt, er ist gerne bereit, bei seinem Einkommen ab der dritten, vierten, fünften Million Euro, die er verdient, auch 80 Prozent Steuer zu bezahlen. Ist Ihnen die Umverteilung von oben nach unten kein Anliegen?

Also Sie wollen den Koffer ganz auspacken?

Ja.

Es ist so: Man will von den Reichen nehmen – und das will man schon seit 100 Jahren, dass man umverteilt von den Reichen zu den Armen. Umverteilung durch progressive Einkommenssteuer zum Beispiel. Überhaupt: dass man einfach über die Reichen schimpfen kann, das bringt ja auch schon eine gewisse Linderung der Not. Ich meine, dass das ein Holzweg ist und mitverantwortlich dafür, dass wir diese Umverteilung in Wirklichkeit bis jetzt nicht haben. Trotz Gewerkschaften, trotz Arbeitskampf haben wir die Situation, dass die Schere zwischen Arm und Reich immer weiter auseinander geht. Und der Schlüssel, der ist in diesem Koffer drin. Der Schlüssel ist, dass man sich überlegt: „Wer zahlt die Steuern wirklich, wer trägt die Steuern?" Wenn man die Einkommenssteuer progressiv macht: Die, die mehr verdienen, zahlen mehr Steuer als die, die weniger verdienen, dann meint man eben, man würde einen sozialen Ausgleich schaffen. Aber das stimmt gar nicht, denn Steuern werden, wie bereits gesagt, immer in das Produkt eingerechnet, mit dem Preis weitergegeben.

Da bin ich jetzt bei einem Punkt angelangt, der die Mehrwertsteuer angeht: Wenn Sie über die Mehrwertsteuer diese Finanzierungslücke decken wollen, dann treffen Sie mit der Mehrwertsteuer alle Personen – egal, wie hoch deren

Einkommen ist. Aber das trifft diejenigen, die ein niedriges Einkommen haben, prozentuell, was die Ausgaben betrifft – zum Beispiel für Lebensmittel – weitaus stärker als jene, die – sagen wir – 3000 Euro verdienen.

Genau so lautet das Vorurteil. Aber Mehrwertsteuer würde heißen, dass der, der mehr konsumiert, auch mehr Steuern zahlt. Also der, der 3000 Euro ausgibt, und die Mehrwertsteuer nehmen wir an wäre 100 Prozent, der zahlt 1500 Euro Mehrwertsteuer. Der, der 1000 Euro ausgibt, zahlt nur 500 Euro Steuern. Also eigentlich in dem Sinn gerecht. Und wenn man noch bedenkt, dass jeder den Steuerfreibetrag ausbezahlt bekommt, würde bei der Mehrwertsteuer sogar eine Progression entstehen. Eigentlich muss man nur beim Verstehen bleiben.

Ich verstehe nicht, dass Sie zum Beispiel keine „Maschinensteuer" einführen wollen, für die Unternehmen, die dauernd Arbeitsplätze wegrationalisieren. Alfred Dallinger, ein österreichischer Sozialminister, hat diese „Maschinensteuer" in die Diskussion gebracht, wenige Jahre, nachdem in der Schweiz das Frauenwahlrecht eingeführt wurde, nämlich Mitte der 70er Jahre.

Die Mehrwertsteuer ist die Maschinensteuer! Und zur Schweiz will ich sagen: ich schäme mich dafür, dass es erst 1971 war. Aber wissen Sie, wenn Sie in der Schweiz das Wahl- und Stimmrecht haben, dann haben Sie eben echt was zu sagen. Das ist mit ein Grund, warum das Frauenstimmrecht erst so spät kam in der Schweiz.

Wie viele Frauen haben Sie denn auf Ihrer Seite, was das bedingungslose Grundeinkommen angeht?

Also ich sehe es nicht geschlechtsspezifisch. Es ist für alle.

Läuft schon eine Unterschriftenaktion, wissen Sie ungefähr, wie stark die Resonanz in der Bevölkerung ist? Und wann wollen Sie das zur Abstimmung bringen?

Der Plan ist, dass wir 2012 nach den nächsten nationalen Wahlen in der Schweiz die Volksinitiative lancieren. Das heißt, dass wir dann mit der Unterschriftensammlung beginnen. Wir müssen 100.000 Unterschriften sammeln. Und zur Frage Frauen und Männer: Ich dachte auch, dass es eigentlich mehr Frauen sein würden, die sich dafür interessieren. Wir haben eine Facebook-Gruppe „bedingungsloses Grundeinkommen", und da bekommt man dann immer die Statistik über die Mitglieder und deren Geschlecht. Jetzt haben wir 30.000 Mitglieder und es sind über 55 Prozent Männer. Vielleicht ist es auch deshalb, weil sich Frauen weniger am Computer aufhalten, ich weiß es nicht. Ich finde ja Frauen intelligenter, in der Regel.

Ich habe eine Tagebucheintragung von Ihnen im Web gefunden. Es ist ein Zitat aus Ihrem Tagebuch: „Die Regel, wie Geld funktioniert, ist von uns gemacht und nur wir können sie ändern" haben Sie vor einiger Zeit notiert. Was wäre denn die erste Regel, die sie ändern würden – das Geld betreffend – um die gleiche Augenhöhe herzustellen in Richtung bedingungsloses Grundeinkommen?

Ich würde den Anteil am Einkommen, den man für ein menschenwürdiges Leben braucht, für alle bedingungslos machen. Und auch – ich habe es kurz angedeutet –, dass man die Haftung im Aktienrecht ändert. Dass man, wenn man spekuliert, bis ins Private hinein dafür haftet. Das würde sehr vieles vereinfachund verbessern. Man haftet persönlich. Man kann nicht mehr die Verluste sozialisieren.

Welches Gesetz hätte größere Chancen, eingeführt zu werden: das bedingungslose Grundeinkommen in der Schweiz oder das Spekulationsverbot mit den Konsequenzen wie Sie sie jetzt beschrieben haben?

Für das zweite gibt es in der Schweiz bereits eine Volksinitiative, die heißt „Abzocker- Initiative", die geht in diese Richtung und die wird sicher vor dem bedingungslosen Grundeinkommen wirklich relevant werden, und zwar so, dass die ganze Politik darauf einsteigt, weil sie fürchtet, dass diese Initiative, die ins Aktienrecht eingreift und mehr Transparenz fordert, dass die vom Volk angenommen wird. Jetzt passieren die Änderungen schon im Vorfeld, auch das ist sehr interessant in der direkten Demokratie.

Haben Sie sich ein Ziel gesetzt, bis wann Sie das bedingungslose Grundeinkommen durchsetzen oder wie oft Sie ein Scheitern akzeptieren wollen, bis Sie aufgeben? Glauben Sie, dass die Schweiz das erste Land sein wird, wo es eingeführt wird? Thomas Morus hat Utopia, einen Roman, geschrieben über ein demokratisches Land, ein Staatswesen, noch dazu mit Volksentscheid ausgestattet. Liegt Utopia in der Schweiz?

Ich denke nicht in dieser Kategorie des Scheiterns. Das finde ich nicht intelligent Aber ich habe Respekt, es ist eine ziemlich große Sache mit dem bedingungslosen Grundeinkommen. Das ist ein Epochenschritt, ein Paradigmenwechsel und es braucht viel Zeit. Und das Grundeinkommen beginnt nicht damit - wenn ich den Mitbegrüder der „Initiative Grundeinkommen" und Mitautor des Films „Grundeinkommen – ein Kulturimpuls" Enno Schmidt zitieren darf: „Das Grundeinkommen beginnt nicht mit der Auszahlung des Geldes, sondern damit, dass man sich auf diese Idee einlässt.“ Ich glaube, wenn das Grundeinkommen dann tatsächlich ausbezahlt wird, wird es ganz schnell ganz normal sein. Die Geschichte des bedingungslosen Grundeinkommens findet jetzt statt. Jetzt, wo wir diese Idee diskutieren und Fragen haben. Jetzt ist es interessant. Deshalb können wir auch gar nicht scheitern damit.

Worauf, Herr Häni, kommt es denn im Leben wirklich an?

Worauf kommt es im Leben wirklich an? Dass man das tut, was man wirklich will.

Ich danke Ihnen für das Gespräch.

Sustainable Transformation
Ausstellung Pernegg, August 2010

Ernst Logar

Ernst Logar stellte als zentralen Teil seines Ausstellungsprojektes „Sustainable Transformation“ anlässlich der GLOBArt Academy Kreditkartenrohlinge aus biologischem Kunststoff her und versandte diese als Ausstellungseinladung.
Die Kreditkarte ist für Ernst Logar Mittel und Ausdruck unseres heutigen Wirtschafts- und Wertesystems. Hier steht sie für den überzogenen ökologischen Kredit durch das allgegenwärtige kurzfristige Wirtschaftsdenken. Die Beziehungslosigkeit der Kreditkarte hat die Menschen zu gedankenlosem Konsum motiviert.

Der Künstler zeigt mit seiner Kunstaktion auf, wie weit wir unseren Kreditrahmen überschritten haben und gibt ein Beispiel der Alternative. In einem symbolischen Experiment führte Ernst Logar die Kreditkarten aus Maisstärke in Form einer eigens dafür konzipierten Skulptur einem natürlichen Verwesungsprozess zu.

Er verwendete bewusst das Objekt der Kreditkarte, das Mittel und Ausdruck unseres heutigen Wirtschafts- und Wertesystems ist, verwandelte es in fruchtbare Erde und pflanzte Mais zur Produktion von neuem Kunststoff an. So wurde die Karte wieder zu Erde, die die Grundlage allen Lebens und Ausgangspunkt ökologischen Wachstums ist.

Die ökonomische und die ökologische Ebene wurden so symbolisch zusammengeführt und wichtige Fragen zu unserem heutigen gesellschaftlichen Wertesystem aufgeworfen.

Sustainable Transformation führt uns in seiner Einfachheit den nachhaltigen Kreislauf von Geld und natürlichen Ressourcen symbolisch vor Augen und schafft ein eindringliches und anschauliches Bild eines zukünftigen Fortschritts.

Glasobjekt (Glas, Erde, natürlicher Kunststoff, Maissamen), Größe: 30x30x30cm, Ernst Logar 2010

Referenten

Bernd Bösel

Geboren in Tulln. Studium der Philosophie, Kulturanthropologie und Publizistik an der Universität Wien. Promotion 2007, Dr.phil. Arbeitet an seiner Abschlussarbeit für den Masterstudiengang „Supervision und Coaching“ an der Donau-Universität Krems. Seit 2009 Lehrer für Ethik an der Modeschule Wien/ Hetzendorf an der Universität Wien (Ethik) und der Kunstuniversiät Linz (Ästhetik).

Michael Braungart

Michael Braungart ist Verfahrenstechniker und Chemiker. Gründer des wissenschaftlichen Beratungsinstituts EPEA (Environmental Protection Encouragement Agency – EPEA Internationale Umweltforschung GmbH) International in Hamburg sowie Mitbegründer des Design- und Entwicklungsunernehmens MBDC (McDonough Braungart Design Chemistry) in Charlottesville, Virginia. Leitete von 1985 bis 1987 den Bereich Chemie bei Greenpeace Deutschland. Gemeinsam mit dem US-amerikanischen Architekten William McDonough prägte er den Begriff „Cradle to Cradle“ (Ökoeffektivität) im gleichnamigen Buch. Setzt sich für die Realisierung zukunftstauglicher „intelligenter“ Produkte, für die Entwicklung und Umsetzung von Umweltschutzkonzepten und umweltverträgliche Produktionsverfahren ein. Aktuell ist Michael Braungart Professor für den Cradle-to-Cradle-Studiengang an der Erasmus-Universität Rotterdam und Gastprofessor an der University of Virginia.

Reinhold Christian

Prof. Dr. Reinhold Christian ist Physiker. Seit 30 Jahren in unterschiedlichsten Funktionen für Umwelt- und Naturschutz sowie Erwachsenenbildung tätig. Projektleiter an der NÖ Landesakademie, Geschäftsführer bei Umwelt Management Austria, Präsident beim Forum österreichischer Wissenschaftler für Umweltschutz.

Michaela Bauer

Studium der Theaterwissenschaften und Kommunikationswissenschaften in Wien, Mag. phil., Gründerin der Sozialen Design Agentur für gesellschaftlichen Wandel „fokusopen“. Beraterin und Projektmanagerin in den Bereichen Marketing und Strategie. Entwicklung von Marketinginstrumenten zur zielgerechten

Vermarktung von Produkten mit handwerklichen Fertigkeiten. Profil PASS Beraterin in Österreich und Deutschland.

Michael Fembek

Ab 1985 ist Dr. Michael Fembek beim österreichischen Wirtschaftsmagazin GEWINN, 2000 bis 2007 Chefredakteur. Mitherausgeber von Finanz- und Wirtschaftssachbüchern. 1999 Gründung des Beratungsunternehmens MIPA mit Schwerpunkt Stiftungen und Philanthropy. 2009 Herausgabe des ersten CSR-Jahrbuches für Österreich. 2007 Gründung von Antara Solutions, eines Forschungsvereins für Bildungs- und Knowhow-Transfer zu benachteiligten Menschen. Seit 2010 Programmdirektor der Essl Privatstiftung und Leiter Soziales der Baumax-Unternehmensgruppe.

Manfred Füllsack

Manfred Füllsack ist Sozialwissenschaftler, lehrt als Professor an der Universität Wien mit den Schwerpunkten Arbeit, Wissen, Sozialtheorie sowie Wirtschafts- und Gesellschaftsgeschichte Russlands und der Sowjetunion. Seine Arbeiten orientieren sich an der soziologischen Systemtheorie von Niklas Luhmann. Spezifische Interessensgebiete sind Ökonomie, Kybernetik, Entscheidungs-, Informations- und Netzwerktheorie, analytische, pragmatische und poststrukturalistische Philosophie, Sozionik und Distributed Artificial Intelligence.

Daniel Häni

Unternehmer, Mitbegründer und Mitglied der Geschäftsleitung des „unternehmen mitte" in Basel, eines Kultur- und Kaffeehauses mit über 1000 Gästen am Tag in einer ehemaligen Bank. Gründete vor 5 Jahren mit dem Künstler Enno Schmidt die „Initiative Grundeinkommen" in der Schweiz. Im Herbst 2008 Edition des Films „Grundeinkommen – ein Kulturimpuls". Hänis Ziel ist, in der Schweiz eine Volksinitiative zum Grundeinkommen zu lancieren.

Thomas Held

Direktor des unabhängigen Think Tanks Avenir Suisse. Forschungs- und Dozententätigkeit an den Universitäten Zürich, Wien, Stanford und Berkeley in Familiensoziologie, Demographie und Lifecourse. Studium der Soziologie und Germanistik. Ab 1983 Tätigkeit für die Ringier AG, Verlagsdirektor und Mitglied der Geschäftsleitung, ab 1986 Wechsel zur AMP Harvard Business School. Mitarbeiter der Hayek Engineering AG. Gründete 1989 ein eigenes Unternehmen für „Analysen & Strategien". Zahlreiche Artikel zur Wirtschafts- und Gesellschaftspolitik. 1992-2002 Geschäftsführer für Projektierung und Bau des Kultur- Kongresszentrums in Luzern.

Michael Kerbler

Mitarbeit in den Wirtschaftsressorts von Neuer Kronenzeitung und „Die Presse". Ab 1976 im ORF: Wirtschaftsredakteur, Moderator der „Journale" und Reporter. 1985 und 1986 ORF-Auslandskorrespondent in Bonn. Ab 1986 stellvertretender Ressortleiter der Redaktion Außenpolitik-Hörfunk. Bis 1994 als Reporter mehrfach in den Krisengebieten Ostafrikas, in den arabischen Staaten und im Iran. Von Herbst 1994 bis 1998 Chefredakteur des aktuellen Dienstes des ORF-Hörfunk. Im Dezember 1998 wurde er stellvertretender Intendant und Chefredakteur von Radio Österreich International, ab 2002 mit dessen Führung betraut. Seit 1. Juli 2003 Leiter der Ö1-Sendereihe „Im Gespräch".

Ernst Logar

Geboren in Klagenfurt, lebt in Wien. 1992-1994 Fotokolleg an der Graphischen Lehr- und Versuchsanstalt Wien. 1993-1994 Schule für künstlerische Fotografie – Friedl Kubelka in Wien. 1995-2003 Leitung Bereich Medientechnik – Generali Foundation Wien. 1997-1999 Studium „Experimentelle Visuelle Gestaltung" an der Universität für künstlerische und industrielle Gestaltung Linz. 1999-2004 Studium am Institut für Medienkunst – „Medienübergreifende Kunst" an der Universität für angewandte Kunst Wien. 2006-2007 Kultur und Organsation – Institut für Kulturkonzepte, Universität Wien.

Oliver Mack

Studium der Betriebswirtschaftslehre und Rechtswissenschaften. Managementberater in den Bereichen Strategie/ Organisation/ Marketing/ Steuerung bei Roland Berger Strategy Consultants und Horváth & Partners, Geschäftsführer bei einem Internet/Telefonie-Anbieter, zuletzt Leiter des CEO Project Offices bei OMV Refining & Marketing GmbH. Derzeit Leiter internationales Project & Programme Office, Borealis AG in Wien, Österreich. Autor zahlreicher Fachartikel.

Werner Mittelstaedt

Zukunfts- und Friedensforscher, Zukunftsphilosoph. Fördert und verbreitet zukunfts- und friedensrelevantes Wissen mit den Schwerpunkten Ermutigungsarbeit, Friedensarbeit, Zukunftsarbeit, Zukunftswissen, Publikationen. Herausgaber der Zeitschrift BLICKPUNKT ZUKUNFT. War Initiator und Vorsitzender der Gesellschaft für Zukunftsmodelle und Systemkritik. Autor mehrerer Bücher. Systemorganisator für ein IT-Dienstleistungsunternehmen in Münster. Beiträge zur Theorie und Praxis der Zukunfts- und Friedensforschung und Zukunfts- und Friedensarbeit. Führt Untersuchungen über die Grundlagen nachhaltiger lokaler und globaler Entwicklungen.

Patrizia Elfriede Nessmann
Geboren in Villach, Studium an der Wirtschaftuniversität Wien, Mag., ÖVQ – Österreichische Vereinigung für Qualitätssicherung, Wien. Geprüfte Auditorin und dipl. Umweltmanagerin. Prüfungen und Befähigungen für interne und externe EMAS, ISO 14001 Umweltsystemmanagementaudits und Beratungen für Quality Austria, ÖQS – Österreichische Zertifizierungs- und Begutachtungs GmbH, Wien. CSR Managerin und Trainerin. Validierung von Nachhaltigkeitsberichten bei der Quality Austria. Council Begleiterin.

Elisabeth Schäfer
Geboren 1979 in Wien, Studium der Philosophie, Mag. phil., dissertiert zum Thema „Toucher à tout. Entwurf einer entgrenzten Ontologie. Berührung als Geste des Denkens der Körper". 2009 Gründung der Buchreihe Praterstern Protokolle – Wiener Philosophische Bände gemeinsam mit Eva Pudill, Bernd Bösel und in Kooperation mit dem Passagen Verlag, Wien.

Wolfgang Schad
Geboren 1935 in Biberach an der Riss, deutscher Evolutionsbiologe, Goetheanist und Anthroposoph. Gilt im Bereich der Naturwissenschaften als einer der bedeutendsten Goetheanisten des 20. Jahrhunderts. Nach Tätigkeit als Waldorflehrer in Pforzheim 1975 Dozent am Seminar für Waldorfpädagogik in Stuttgart, daneben Mitarbeiter der Pädagogischen Forschungsstelle des Bundes der Waldorfschulen in Stuttgart, die er zeitweilig leitete. Übernahm 1992 den eigens gegründeten Lehrstuhl für Evolutionsbiologie und Morphologie an der Universität Witten/Herdecke. Mitarbeiter des von Bernd Rosslenbroich geleiteten Instituts für Evolutionsbiologie. In seinem Hauptwerk „Säugetiere und Mensch" (1971) übertrug Schad Rudolf Steiners Idee der „Dreigliederung des menschlichen Organismus" im Sinne einer vergleichenden Morphologie auf die Säugetiere.

Rita Trattnigg
Studierte Politikwissenschaft in Wien. Expertin für nachhaltige Entwicklung im österreichischen Lebensministerium. Nebenberuflich Moderation und Begleitung von nachhaltigen Veränderungsprozessen auf lokaler und regionaler Ebene.

Jakob von Uexküll
Geboren in Uppsala. Schwedischer und deutscher Staatsbürger. Sohn des Autors und Schriftstellers Gösta von Uexküll, Enkel des Biologen Jakob von Uexküll. Schulzeit in Schweden und Deutschland (Hamburg International School), Stipendium für Oxford. Abschluss mit Auszeichnung in Politikwissenschaften, Philosophie und Wirtschaft. Übersetzer, Journalist mit dem Spezialgebiet Umwelt. Verkaufte 1980 seine Briefmarkensammlung, gründete den Right Livelihood Award („Alternativer Nobelpreis"). Der Preis, heute mit 250 000 Dollar dotiert, wird einen Tag vor der Nobelpreiszeremonie bekannt gegeben.Nominiert von den Grünen in Deutschland als Mitglied des Europäischen Parlaments. Mitbegründer des TOES (The Other Economic Summit) und Gründer des „Estonian Renaissance Award" (1993). Initiator des Welt-Zukunftsrats.

Christine Zach
Dr. phil., Studium der deutschen und romanischen Philologie an der Universität Wien. Leiterin der ÖAMTC AKADEMIE, Zukunftswerkstatt des Clubs mit interdisziplinären Studien, Symposien und Recherchen zu Mobilitätstrends als Schwerpunkte des wissenschaftlichen Vereins für Mobilitäts- und Umweltforschung. Geisteswissenschaftlerin und Systemischer Coach.

Herausgegeben von der Kulturinitiative GLOBArt
Präsident: DI Dr. Stefan Zapotocky
Geschäftsführender Präsident: Prälat Univ.-Prof. DDr. Joachim Angerer
Redaktion: Prof. Heidemarie Dobner, Mag. Pippa Belcredi, MMag. Sigrid Polster
Künstler der Academy 2010: Ousmane Keba Cissokho, Andreas Duscha, Rudi Görner, Susanne Granzer, Hans Hoffer, Ernst Logar, Wolfgang Mitterer, Maren Rahmann, Stefan Temmingh

Der Herausgeber dankt den Sponsoren:
Niederösterreichische Landesregierung, Abteilung Kultur und Wissenschaft, Abteilung Finanzen, Niederösterreichische Landesakademie – Zukunftsakademie für Niederösterreich, Bundesministerium für Unterricht, Kunst und Kultur, Bundesministerium für Wissenschaft, Bundesministerium für Verkehr, Innovation und Technologie, Lebensministerium, Raiffeisen Bankengruppe NÖ – Wien, Donau – Vienna Insurance Group, Novomatic, ORF – Ö1, Essl Foundation, ecoplus, Industriellenvereinigung, ÖAMTC AKADEMIE

Printed in Austria
SpringerWienNewYork is a part of
Springer Science + Business Media
springer.at

Satz: Dan Carabas
Druck: Holzhausen Druck GmbH, A-1140 Wien
Gedruckt auf säurefreiem, chlorfrei gebleichtem Papier – TCF
SPIN 80026670

Bibiliographische Information der Deutschen Nationalbibliothek:
Die Deutsche Nationalbibliothek verzeichnet diese Publikation in der Deutschen Nationalbibliografie, detaillierte bibliografische Daten sind im Internet über http://dnb.d-nb.de abrufbar.

Mit 5 Abbildungen

ISSN 1611 – 7468
ISBN 978-3-7091-0490-3

Gedruckt mit Förderung des Bundesministeriums für Wissenschaft und Forschung in Wien